CRATEM. ARTE MARONEM
MÆRET OLYMPVS HABET

EST THOV BY SO FAST
ENVIOVS DEATH HATH PLAST
KSPEARE: WITH WHOME
AME, DOTH DECK Yͤ TOMBE
L, Yͭ HE HATH WRITT
E, TO SERVE HIS WITT.

OBIIT AÑO DOͥ 1616
ÆTATIS 53 DIE 23 AP.

Charles Lamb

Shakespeare Erzählungen

Charles Lamb

Shakespeare Erzählungen

Deutsch von
Karl Heinrich Keck

Illustrationen von
Karel Hruška

Vitalis

Die Deutsche Bibliothek – CIP-Einheitsaufnahme
Ein Titeldatensatz für diese Produktion ist bei
Der Deutschen Bibliothek erhältlich.

Konrad-Utz-Straße 6
D-93437 Furth im Wald

ISBN 3-934774-66-0

Umschlag und Illustrationen: Karel Hruška
Druck und Bindung: Finidr, Tschechische Republik

Inhalt

Hamlet

Gertrud, Königin von Dänemark, ward durch den plötzlichen Tod des Königs Hamlet zur Witwe. Aber in weniger als zwei Monaten nach seinem Tod heiratete sie seinen Bruder Claudius. Dies tadelte die ganze damalige Welt als ein unzartes oder gefühlloses Vorgehen oder als etwas noch Schlimmeres; denn dieser Claudius glich durchaus nicht ihrem verstorbenen Gemahl, weder an Gestalt noch an Gemüt, sondern er war in seiner äußeren Erscheinung ebenso unbedeutend wie von Charakter niedrig und unwürdig, und hin und wieder mußte der Verdacht entstehen, daß er seinen Bruder, den verstorbenen König, heimlich beseitigt hätte, um dessen Witwe zu heiraten und den Thron von Dänemark zu besteigen, was zur Ausschließung des jungen Hamlet, des Sohnes des bestatteten Königs und gesetzlichen Erben des Thrones, führen mußte.

Aber auf niemanden machte dies leichtsinnige Verfahren der Königin solchen Eindruck wie auf den jungen Fürsten, der das Andenken seines verstorbenen Vaters fast abgöttisch liebte und verehrte; und da er selbst ein zartes Gefühl für Ehre hatte und in hervorragender Art auf Anstand und Sitte hielt, so nahm er sich das unwürdige Benehmen seiner Mutter Gertrud so schwer zu Herzen, daß er, teils aus Kummer über seines Vaters Tod, teils aus Scham über seiner Mutter Vermählung, in tiefe Schwermut versank und alle seine Heiterkeit und sein fröhliches Aussehen verlor. Alle Freude, die er sonst gewöhnlich an Büchern hatte, schwand dahin, alle fürstlichen Übungen und Belustigungen, die sonst seiner Jugend so wohl anstanden, verloren jeden Reiz für ihn; er ward der Welt müde, die ihm wie ein Garten voll Unkraut erschien, worin die edlen Blumen erstickten und nichts als Disteln wuchern könnten. Nicht daß die Erwartung der Ausschließung vom Thron, seinem rechtmäßigen Erbe, sein Gemüt so sehr belastet hätte (obgleich auch dies für einen jungen und hochangelegten Fürsten eine bittere Wunde und eine schmerzliche Entwürdigung war); aber was ihn so verstimmte und ihm allen Frohsinn raubte, war der Gedanke, daß seine Mutter sich so vergeßlich für seines Vaters Gedächtnis gezeigt hatte. Und eines solchen Vaters! Der ihr ein so liebender und gütiger Gemahl gewesen war! Und damals war auch sie immer als sein liebendes und gehorsames Weib erschienen und hatte sich an ihn geschmiegt, als ob ihre Neigung zu ihm täglich inniger würde. Und jetzt, innerhalb zweier Monate, oder, wie es dem jungen Hamlet schien, in weniger als zwei Monaten, hatte sie wieder geheiratet, seinen Oheim geheiratet, ihres verstorbenen Gemahles Bruder! An und für sich schon eine höchst unschickliche und wegen der nahen Verwandtschaft ungesetzliche Ehe, die es aber noch viel mehr geworden war durch die unziemliche Eile, in der sie geschlossen war, und durch den unköniglichen Charakter des Mannes, den sie zum Thron- und Bettgenossen erwählt hatte. Das war es, was mehr als der Verlust von zehn Königreichen den Lebensmut des ehrenwerten jungen Fürsten dämpfte und sein Gemüt verdüsterte.

Vergeblich war alles, was seine Mutter Gertrud oder der König taten oder aussannen, ihn zu zerstreuen. Er erschien noch im tiefschwarzen Anzug am Hof, er wollte zeigen, daß er um den Tod seines königlichen Vaters trauerte. Diese Kleidung hatte er nie abgelegt, nicht einmal aus Rücksicht auf seine Mutter an ihrem Hochzeitstag, auch konnte er nicht dazu gebracht werden, an irgendeiner der Festlichkeiten und Freuden dieses (wie es ihm schien) schmachvollen Tages teilzunehmen.

Am meisten aber beunruhigte ihn die Ungewißheit über die Art des Todes seines Vaters. Claudius hatte vorgegeben, daß ihn eine Schlange gebissen hätte; aber der junge Hamlet hatte schlimme Verdachtsgründe, daß Claudius selber die Schlange sei, daß er ihn um seiner Krone willen ermordet habe, und daß das Scheusal, welches seinen Vater gebissen habe, jetzt auf seinem Thron sitze.

Inwiefern er mit dieser Vermutung recht hatte, und was er von seiner Mutter denken sollte – inwiefern sie Mitschuldige dieses Mordes wäre, und ob er mit ihrer Einwilligung und ihrem Vorwissen stattgefunden hätte oder nicht –, das waren die Zweifel, die ihn unablässig quälten und hin und her zerrten.

Ein Gerücht war dem jungen Hamlet zu Ohren gekommen, daß eine Erscheinung, die genau dem verstorbenen König, seinem Vater, gliche, von den Soldaten der Wache auf der Plattform vor dem Schloß um Mitternacht gesehen worden sei, zwei oder drei Nächte hintereinander. Die Gestalt kam immer von Kopf bis Fuß in dieselbe Waffenrüstung gehüllt, die der verstorbene König getragen hatte; und die, welche den Geist sahen (Hamlets Busenfreund Horatio war darunter), stimmten in ihrem Zeugnis über die Art und die Zeit seines Erscheinens überein: Daß er genau mit dem Glockenschlag zwölf käme; daß er bleich aussähe, mit Zügen, in denen mehr Kummer als Zorn sich kundgebe; daß sein Bart grau wäre, schwarz mit Silberglanz, wie sie es zu seinen Lebzeiten gesehen hätten; daß er keine Antwort gäbe, wenn man ihn anredete, nur einmal hätte es ihnen gedeucht, als erhöbe er sein Haupt und bewegte sich, wie um zu sprechen, aber in diesem Augenblick hätte der Morgenhahn gekräht, und der Geist wäre hastig zusammengefahren und ihrem Anblick entschwunden.

Der junge Fürst, in hohem Grad über ihren Bericht bestürzt, der zu gleichlautend und mit sich selbst übereinstimmend war, als daß man daran hätte zweifeln können, vermutete, daß es seines Vaters Geist wäre, den sie gesehen hätten, und beschloß mit den Soldaten diese Nacht zu wachen, ob es ihm nicht gelänge den Geist zu sehen. Denn er überlegte bei sich, daß eine solche Erscheinung nicht umsonst käme, sondern daß der Geist irgend etwas mitzuteilen hätte und, obgleich er bisher geschwiegen, doch mit ihm sprechen würde. Und er erwartete mit Ungeduld den Anbruch der Nacht.

Als die Nacht herankam, stellte er sich mit Horatio und Marcellus, einem Hauptmann der Wache, auf die Plattform, wo die Erscheinung zu wandeln pflegte; und da es eine kalte Nacht war und die Luft ungewöhnlich rauh und beißend, so gerieten Hamlet und Horatio und ihr Gefährte in ein Gespräch über die Kälte der Nacht. Aber plötzlich ward es unterbrochen durch Horatio, welcher meldete, daß der Geist herankäme.

Beim Anblick des Schattens seines Vaters fühlte sich Hamlet plötzlich von Schrecken und Furcht ergriffen. Er rief zuerst die Engel und die himmlischen Heerscharen zum Schutz an; denn er wußte nicht, ob es ein guter oder ein böser Geist wäre, ob er käme, um Gutes oder Übles zu tun. Aber allmählich gewann er mehr Mut; und sein Vater blickte, wie es ihm schien, so mitleidig auf ihn und mit solchem Ausdruck, als ob er sich mit ihm zu unterhalten wünschte, und glich in jeder Hinsicht seinem lebendigen Ebenbild so sehr, daß Hamlet nicht umhin konnte, ihn anzureden. Er nannte ihn bei seinem Namen: „Hamlet, König, Vater!" und beschwor ihn, den Grund zu sagen, warum er sein Grab, worin sie ihn ruhig bestattet gesehen, verlassen hätte, um wiederzukehren und die Erde und das Mondlicht zu sehen, und er beschwor ihn kundzutun, ob sie irgend etwas unternehmen könnten, ihm Frieden zu geben. Und der Geist winkte Hamlet, er möge mit ihm nach einer entfernteren Stelle gehen, wo sie allein sein könnten. Und Horatio und Marcellus wollten den jungen Fürsten überreden, ihm nicht zu folgen, denn sie fürchteten, es möchte ein böser Geist sein, der ihn zum nahen Meer oder auf den Gipfel einer schrecklichen Klippe locken würde, und er möchte dort eine grauenhafte Gestalt annehmen, wodurch der Fürst seinen Verstand verlieren könnte. Aber ihre Bitten und Ratschläge konnten Hamlets Entschluß nicht ändern, er kümmerte sich zu wenig um das Leben, als daß er den Verlust desselben gefürchtet hätte; und was könnte wohl, sagte er, der Geist seiner

Seele tun, die, wie er selbst, unsterblich wäre? Und er fühlte sich so kühn wie ein Löwe, und indem er sich von ihnen losriß, die alles taten, was sie konnten, um ihn festzuhalten, folgte er dem Geist, wohin dieser immer ihn führen mochte.

Und als sie allein miteinander waren, brach der Geist das Schweigen und sagte ihm, daß er der Geist Hamlets, seines Vaters, sei, des grausam ermordeten, und er erzählte ihm den Hergang der Sache: Der Mord sei verübt von seinem eigenen Bruder Claudius, Hamlets Oheim (den Hamlet nur schon allzusehr im Verdacht gehabt hatte), in der Hoffnung, sein Nachfolger in Bett und Krone zu werden. Als er, gemäß seiner Nachmittags-Gewohnheit, in seinem Garten geschlummert hätte, wäre jener verräterische Bruder während seines Schlafes an ihn herangeschlichen und hätte in sein Ohr den Saft giftigen Bilsenkrautes geträufelt, welcher dem Menschenleben so gefährlich wäre, daß er schnell wie Quecksilber durch alle Adern des Leibes liefe, das Blut ausdörrend und eine aussatzartige Kruste über die ganze Haut verbreitend; so wäre er im Schlaf durch Bruderhand zugleich seiner Krone, seiner Gemahlin und seines Lebens beraubt. Und er beschwor Hamlet, wenn er je seinen teuren Vater geliebt hätte, so möchte er seiner scheußlichen Ermordung ein Rächer werden. Und der Geist klagte seinem Sohn, daß seine Mutter so von der Tugend abgefallen wäre, daß sie der beschworenen Liebe zu ihrem ersten Gemahl sich treulos hätte erweisen und seinen Mörder heiraten können; aber er warnte Hamlet, wie er auch immer in seiner Rache gegen seinen verruchten Oheim vorginge, auf keinen Fall eine Gewalttätigkeit gegen seine Mutter zu verüben, sondern sie dem Himmel und den Stacheln und Qualen ihres Gewissens zu überlassen. Und Hamlet versprach, des Geistes Anweisung in jeder Beziehung zu befolgen, und der Geist verschwand.

Und als Hamlet allein geblieben war, nahm er die feierliche Verpflichtung auf sich, alles, was er in seinem Gedächtnis trüge, alles, was er je durch Bücher oder

Leben gelernt hätte, solle sofort vergessen sein, und nichts in seiner Seele fortleben, als was der Geist ihm erzählt und aufgetragen hätte. Und Hamlet berichtete die Einzelheiten des vorgefallenen Gespräches keinem anderen, als seinem treuen Freund Horatio; und er schärfte sowohl ihm wie Marcellus das strengste Geheimnis ein, hinsichtlich dessen, was sie diese Nacht gesehen hätten.

Das Entsetzen, welches der Geist in Hamlet hinterlassen hatte, hob sein Gemüt, da er schon vorher weich und niedergeschlagen gewesen war, fast aus den Angeln und verwirrte seine Vernunft. Und weil er fürchtete, daß dies schließlich die Wirkung haben möchte, daß man ihn beobachtete und sein Oheim veranlaßt würde, auf der Hut zu sein – dieser konnte ja argwöhnen, daß Hamlet irgend etwas gegen ihn im Schilde führe oder wirklich mehr von seines Vaters Tod wisse, als er zu erkennen gebe –, so faßte er den sonderbaren Entschluß, fortan zu tun, als ob er wirklich und in Wahrheit verrückt wäre. Er dachte, daß er weniger ein Gegenstand des Argwohns sein würde, wenn sein Oheim ihn eines ernsthaften Planes unfähig glaubte, und daß seine wirkliche Gemütsverwirrung am besten verdeckt und verborgen würde durch die Vermummung des Wahnsinns.

Von nun an trug Hamlet eine gewisse Wildheit und Sonderbarkeit in seinem Anzug, seiner Rede und seinem Benehmen zur Schau, und er spielte die Rolle des Verrückten so vorzüglich, daß der König und die Königin beide getäuscht wurden, und da sie nicht glaubten, daß der Kummer um seines Vaters Tod ausreiche, um solche Geisteszerrüttung zu erzeugen (denn sie wußten ja nichts von der Erscheinung des Geistes), so vermuteten sie, daß seine Krankheit aus Liebe hervorginge, und sie meinten, den Gegenstand dieser Liebe gefunden zu haben.

Bevor Hamlet dem eben geschilderten Trübsinn verfiel, hatte er eine schöne Jungfrau, namens Ophelia, die Tochter des Polonius, des ersten Staatsrates des Königs, zärtlich geliebt. Er hatte ihr Briefe und Ringe gesandt und ihr manche Liebeserklärung gemacht und sie in Ehren mit seiner Zärtlichkeit bestürmt; und sie hatte seinen Gelübden und Bewerbungen Glauben geschenkt. Aber der Trübsinn, dem er neuerdings anheimgefallen war, hatte bewirkt, daß er sie vernachlässigte, und von dem Augenblick, da er den Plan faßte, den Tollen zu spielen, stellte er sich, als ob er sie mit Lieblosigkeit und einer gewissen Härte behandelte. Aber anstatt ihm seine Untreue vorzuwerfen, redete das gute Mädchen sich ein, daß es nur seine Gemütsstörung und nicht absichtliche Lieblosigkeit wäre, die ihn weniger rücksichtsvoll als früher gegen sie gemacht hätte; und sie verglich die Eigenschaften seines einst so edlen Gemütes und seines ausgezeichneten Verstandes, die nun von dem tiefen Trübsinn, der drückend auf ihm lag, gelitten hätten, mit süßklingenden Glocken, die an und für sich der herrlichsten Musik fähig wären, aber, wenn sie geborsten seien, oder unter eine rauhe Behandlung kämen, nur einen harten und mißtönenden Klang gäben.

Obgleich die schwere Verpflichtung, zu der Hamlet sich vorbereitete, seines Vaters Tod an seinem Mörder zu rächen, sich nicht vertrug mit Liebeständelei und nicht vereinbar dünkte mit einer so törichten Leidenschaft, wie die Liebe ihm jetzt erschien, so konnte das doch nicht verhindern, daß sich liebliche Erinnerungen an Ophelia einmischten; und in einem dieser Augenblicke, da er bedachte, daß die Art, wie er die edle Jungfrau behandelte, unvernünftig hart gewesen sei, schrieb er ihr einen Brief voll von wilden Ausbrüchen der Leidenschaft und von schwärmerischen Ausdrücken, wie sie mit seinem angenommenen Wahnsinn übereinstimmten, aber bisweilen trat ein leiser Anflug von Zärtlichkeit hervor, welcher der edlen Jungfrau nur zeigen konnte, daß eine tiefe Liebe für sie noch im Grunde seines Herzens ruhte. Sie möchte, schrieb er, immerhin zweifeln, ob die Sterne Feuer wären und ob die Sonne sich bewege, sie möchte argwöhnen, daß die Wahrheit eine Lügnerin sei, aber nie möchte sie an seiner Liebe zweifeln – und noch ähnliche schwärmerische Wendungen fanden sich darin. Diesen Brief zeigte Ophelia pflichtschuldig ihrem Vater, und der alte Mann glaubte sich verbunden, ihn dem König und der Königin mitzuteilen. Seitdem nahmen sie an, daß der wahre Grund von Hamlets Wahnsinn Liebe sei. Und die Königin wünschte, daß die edle Schönheit Ophelias die glückliche Ursache seines Irrsinnes sein möchte, denn so, hoffte sie, würden ihre Tugenden ihn glücklich wieder in seine gewohnte Bahn bringen, zu seiner und zu ihrer Ehre.

Aber Hamlets Krankheit lag tiefer als sie annahmen, tiefer, als daß sie in dieser Weise hätte geheilt werden können. Seines Vaters Geist, den er gesehen hatte, suchte noch immer seine Einbildungskraft heim, und die heilige Pflicht, seinen Mord zu rächen, ließ ihm keine Ruhe, bis sie erfüllt wäre. Jede Stunde Verzug deuchte ihm Sünde und Verletzung der Befehle seines Vaters. Doch war es keine leichte Aufgabe, den König zu töten, weil er stets von seinen Wachen umringt war; und wäre es auch leicht gewesen, so war die Gegenwart der Königin, der Mutter Hamlets, die gewöhnlich mit dem König zusammen war, für sein Vorhaben ein Hindernis, das er nicht beseitigen konnte. Außerdem war ihm schon der Umstand peinlich, daß der Thronräuber seiner Mutter Gemahl war; dadurch ward fortwährend die Schneide seines Vorsatzes abgestumpft. Die bloße Handlung, ein Mitgeschöpf zu töten, war an und für sich gehässig und furchtbar für eine Natur von so edler Anlage, wie die Hamlets war. Sein Trübsinn und die Niedergeschlagenheit, in der er sich so lange befunden hatte, brachte eine Unschlüssigkeit und ein Schwanken hervor, das ihn abhielt, zu entscheidendem Handeln vorzugehen. Noch mehr: Er konnte nicht umhin, einige Zweifel zu hegen, ob der Geist, den er gesehen hätte, in der Tat sein Vater sei, oder ob es nicht etwa der Teufel sein könnte, der, wie er gehört hatte, Macht besaß, irgendeine beliebige Gestalt anzunehmen, und der seines Vaters Züge entlehnt haben mochte, bloß um über seine Schwäche und seinen Trübsinn einen Vorteil zu gewinnen und ihn zu einer so verzweifelten Tat wie einem Mord zu treiben. Und er beschloß,

erst noch festere Grundlagen für sein Handeln zu gewinnen, als ein Gesicht, oder eine Erscheinung, die ein Trug sein könnte.

Während er noch in diesem Zustand der Unentschlossenheit war, kamen an den Hof Schauspieler, an welchen Hamlet früher oft Vergnügen gefunden hatte. Besonders hatte er einen von ihnen gern eine tragische Rede halten hören, worin der Tod des alten Priamus, des Königs von Troja, und der Kummer seiner Gemahlin Hekuba geschildert ward. Hamlet hieß seine alten Freunde, die Schauspieler, willkommen, und indem er sich erinnerte, wie jene Rede ihm früher Vergnügen bereitet hätte, bat er den Schauspieler, sie zu wiederholen. Dieser schilderte die grausame Ermordung des schwachen alten Königs und die Vernichtung seines Volkes und seiner Stadt durch Feuer, sodann den wahnsinnigen Schmerz der alten Königin, wie sie barfuß auf und nieder durch den Palast rennt, mit einem armseligen Lappen um das Haupt, das eine Krone getragen, die Lenden nur mit einem eilig aufgerafften Laken umhüllt, während sie sonst in königlichem Gewand geglänzt hatte – dies alles schilderte er mit solcher Lebendigkeit, daß es nicht allein allen Zuschauern, welche die Wirklichkeit zu sehen glaubten (so ergreifend war es dargestellt), Tränen entlockte, sondern der Schauspieler selbst es mit schluchzender Stimme und wirklichen Tränen vortrug. Dies brachte Hamlet auf folgenden Gedanken: Wenn dieser Schauspieler sich so leidenschaftlich aufregen könne durch eine bloß erdichtete Rede, zu weinen für eine, die er nie gesehen hätte, für Hekuba, die so viele Jahrhunderte schon tot wäre: wie dumpf und gefühllos müsse er selber dann sein, der, obgleich er einen wirklichen Grund und gleichsam das Stichwort zur Leidenschaft hätte, die Ermordung eines wirklichen Königs und teuren Vaters, dennoch so wenig aufgeregt wäre, daß seine Rache die ganze Zeit über geschlafen zu haben schien im Schlamm dumpfer Vergessenheit. Und während er nachdachte über Schauspieler und Aufführung und die mächtige Wirkung, die ein gutes Spiel, nach dem Leben dargestellt, auf den Zuschauer ausübt, kam ihm die Erinnerung des Falles eines Mörders, der beim Anblick eines Mordes auf der Bühne durch die bloße Gewalt des Spiels und die Ähnlichkeit der Umstände so erschüttert ward, daß er auf der Stelle das begangene Verbrechen eingestand. Und er beschloß, diese Schauspieler sollten etwas der Ermordung seines Vaters Ähnliches vor seinem Oheim aufführen, und er würde genau acht geben, welche Wirkung dies auf ihn haben würde, und nach seinen Blicken würde er imstande sein, mit mehr Gewißheit zu schließen, ob er der Mörder sei oder nicht. Zu diesem Zweck befahl er ein Schauspiel vorzubereiten, und er lud den König und die Königin zur Aufführung desselben ein.

Die Begebenheit des Schauspiels bestand in einem Mord, der in Wien an einem Herzog vollbracht war. Des Herzogs Name war Gonzago, seine Gemahlin hieß Baptista. Der Verlauf der Handlung zeigte, wie ein gewisser Lucianus, ein naher Verwandter des Herzogs, ihn in seinem Garten um seiner Krone willen vergiftete, und wie der Mörder kurze Zeit nachher die Liebe von Gonzagos Gemahlin gewann.

Bei der Aufführung dieses Schauspiels war der König, der nichts von der ihm gelegten Falle ahnte, mit seiner Königin und dem ganzen Hofstaat zugegen; Hamlet saß ihm nahe, um aufmerksam seine Blicke zu beobachten. Das Spiel begann mit einer Unterhaltung zwischen Gonzago und seiner Gemahlin. Die Frau beteuerte hoch und heilig ihre Liebe: Nie und nimmer würde sie einen zweiten Gatten heiraten, wenn sie Gonzago überleben sollte; sie wollte verflucht sein, wenn sie je einen zweiten Gatten nähme, und fügte hinzu, daß kein Weib je so handelte, als nur jene verruchten Weiber, die ihren ersten Gemahl töteten. Hamlet beobachtete, wie der König, sein Oheim, bei diesem Ausdruck die Farbe wechselte, und es war, als wenn dies Wort für ihn und die Königin übler Wermut wäre. Aber als Lucianus, gemäß der Entwicklung des Schauspiels, auftrat, um den im Garten schlummernden Gonzago zu vergiften, wirkte die schlagende Ähnlichkeit dieses Vorganges mit seiner eigenen verruchten Handlung an dem verstorbenen König, seinem Bruder, den er in seinem Garten vergiftet hatte, so furchtbar auf das Gewissen dieses Thronräubers, daß er unfähig war, dem übrigen Teil des Schauspiels beizuwohnen, und indem er plötzlich nach Licht rief, um ihm in sein Gemach zu leuchten, und eine jähe Krankheit vorgab oder teilweise fühlte, verließ er in hitziger Übereilung die Schaubühne. Als der König hinweggegangen war, hörte das Spiel auf. Nun hatte Hamlet genug gesehen, um mit Befriedigung zu fühlen, daß die Worte des Geistes Wahrheit und keine Täuschung enthielten; und in einer Anwandlung von Lustigkeit, wie sie jemanden überkommt, dem plötzlich ein großer Zweifel gelöst ist, schwor er Horatio, daß er tausend Doppelkronen auf das Wort des Geistes zu wetten bereit sei. Aber bevor er seinen Entschluß fassen konnte, was für Maßregeln er zur Rache ergreifen solle, bat die Königin, seine Mutter, ihn zu einer geheimen Unterredung in ihr Gemach.

Auf den Wunsch des Königs hatte seine Gemahlin zu Hamlet gesandt, damit sie ihrem Sohn bedeute, wie sehr sein letztes Benehmen ihnen beiden mißfallen habe. Und da der König alles zu erfahren wünschte, was bei dieser Unterredung vorfiele, und er sich dachte, daß der allzu parteiische Bericht einer Mutter einen Teil von Hamlets Worten entschlüpfen lassen könnte, den zu wissen für den König von der größten Wichtigkeit wäre, so befahl er dem alten Staatsrat Polonius, sich hinter den Vorhängen im Gemach der Königin zu verstecken und dort ungesehen auf alles, was vorfiele, zu horchen. Diese List entsprach ganz besonders der Gemütsanlage des Polonius, der ergraut war in ränkevollen politischen Kunstgriffen und dem es Vergnügen machte, auf listigen Schleichwegen allerlei Kunde zu erhalten.

Als Hamlet zu seiner Mutter gekommen war, begann sie auf die bestimmteste Weise seine Handlungen und sein Benehmen zu tadeln, und sie sagte ihm, daß er „seinen Vater“ sehr beleidigt habe. Sie meinte damit den König, seinen Oheim, den sie wegen seiner Verheiratung mit ihr Hamlets Vater nannte. Hamlet, empört, daß sie einen so teuren und ehrenvollen Namen, wie „Vater“ ihm schien, einem Schuft gäbe, der in der Tat nichts anderes als der Mörder seines wirklichen Vaters wäre, erwiderte mit einiger Schärfe: „Mutter, du hast meinen Vater schwer beleidigt.“ Die Königin sagte, das wäre albern geantwortet. „So gut wie die Frage es verdiente“, meinte Hamlet. Die Königin fragte, ob er vergessen hätte, mit wem er spräche. „Ach!“ erwiderte Hamlet, „ich wollte ich könnt's vergessen. Du bist die Königin, das Weib des Bruders deines Gemahls, und bist meine Mutter; ich wollte, du wärst nicht, was du bist.“ „Wohlan denn,“ sagte die Königin, „wenn du mir so wenig Ehrfurcht erweist, so will ich dir andere Männer stellen, die dich zur Vernunft bringen werden“, und sie war im Begriff, den König oder Polonius zu ihm zu rufen.

Aber Hamlet wollte nun, da er sie allein hatte, sie nicht gehen lassen, bis er versucht hätte, ob seine Worte sie nicht zur Erkenntnis ihres verworfenen Lebens bringen könnten; und indem er sie beim Handgelenk faßte, hielt er sie fest und zwang sie niederzusitzen. Sie aber, erschrocken über sein ernstes Gebaren, und in Angst, daß er ihr in seinem Wahnsinn etwas zu leide tun könne, schrie laut auf; und man hörte eine Stimme hinter den Vorhängen: „Hilfe, Hilfe für die Königin!“ Als Hamlet das vernahm, dachte er, es sei der König, der sich hier versteckt hätte, und er zog sein Schwert und stach an die Stelle, woher die Stimme gekommen war (gerade als wenn er eine Ratte gestochen hätte, die da raschelte), bis es still ward, und er den Schluß zog, daß der Mensch tot sei. Aber als er den Leichnam hervorzog, war es nicht der König, sondern Polonius, der alte dienstbeflissene Rat, der sich als Horcher hinter die Vorhänge gestellt hatte. „Weh,“ rief die Königin aus, „welche rasche und blutige Tat hast du vollbracht!“ „Ja, eine blutige Tat,“ erwiderte Hamlet, „aber nicht so schlimm wie die deinige, du tötetest einen König und heiratetest seinen Bruder.“ Hamlet war zu weit gegangen, um wieder abzubrechen. Er war nun in der Stimmung, offen mit seiner Mutter zu reden, und er fuhr darin fort. Und obgleich die Fehler der Eltern von den Kindern zart behandelt werden müssen, so mag doch im Falle großer Verbrechen der Sohn das Recht haben, selbst mit seiner eigenen Mutter schroff zu reden, sofern diese Schroffheit zu ihrem Besten gemeint ist und darauf zielt, sie von ihren ruchlosen Wegen abzulenken, nicht bloß ihr Vorwürfe zu machen. Und nun stellte der tugendhafte Fürst in bewegten Ausdrücken der Königin die Scheußlichkeit ihres bösen Tuns vor Augen, daß sie des toten Königs, seines Vaters, so vergessen hätte, daß sie in so kurzer Zeit sich mit seinem Bruder und mutmaßlichen Mörder vermählte, eine Handlungsweise, die nach den Gelübden, die sie ihrem ersten Gemahl geleistet, genug wäre, um alle Weiberschwüre verdächtig zu machen und alle Tugend für Heuchelei zu nehmen, Ehebündnisse für weniger als Spielereide zu halten und Religion für Spötterei und Wortgeklingel. Er sagte, sie hätte eine Tat verübt, daß der Himmel darüber erröte und die Erde an ihr krankte.

Und er zeigte ihr zwei Gemälde, das eine des verstorbenen Königs, ihres ersten Gemahls, und das andere des gegenwärtigen Königs, ihres zweiten Gemahls, und er hieß sie den Unterschied ins Auge fassen: Welch eine Anmut sei auf den Brauen seines Vaters, wie blicke er gleich einem Gotte! Apollos Locken, Jupiters hohe Stirn, Mars' Auge und eine Stellung wie die des Götterherolds Merkur, wenn er eben auf eine himmelsnahe Höhe sich vom Olymp niedergeschwungen habe! Dieser Mann sei ihr Gemahl gewesen. Und dann zeigte er ihr, wen sie an seiner Statt gewonnen: Wie er gleich dem Mehltau oder Rost blicke, denn so hätte er seinen gesunden Bruder mit seinem Gifthauch verpestet. Und die Königin war tief beschämt, daß sie so ihren Blick inwendig auf ihre Seele richten sollte, die sie nun schwarz und von Flecken entstellt sah. Und er fragte sie, wie sie fortfahren könnte mit diesem Mann zu leben und ihm Weib zu sein, ihm, der ihren ersten Gemahl ermordet und die Krone gewonnen hätte, durch ebenso lügnerische Mittel wie ein Dieb.

Und gerade wie er sprach, trat der Geist seines Vaters, so wie er im Leben gewesen war und so wie er ihn jüngst gesehen hatte, in das Gemach, und Hamlet fragte ihn, voll von Entsetzen, was er fordere. Und der Geist sagte, daß er käme, ihn an die versprochene Rache zu erinnern, die er vergessen zu haben scheine; und der Geist gebot ihm mit seiner Mutter zu sprechen, sonst würde der Kummer und der Schrecken sie töten. Dann verschwand die Erscheinung, und sie war von keinem als von Hamlet gesehen; weder durch Deuten auf die Stelle, wo sie gestanden hatte, noch durch irgendeine Beschreibung konnte er sie seiner Mutter begreiflich machen. Sie aber war entsetzt, ihn die ganze Zeit zu hören, wie er – so schien es ihr – in die leere Luft hinein sprach, und sie schrieb es seiner Gemütsstörung zu. Aber Hamlet bat sie, ihrer verworfenen Seele nicht mit dem Gedanken zu schmeicheln, als hätte sein Wahnsinn, und nicht ihr eigener Frevel, seines Vaters Geist wieder auf die Erde geführt. Und er forderte sie auf, seinen Puls zu fühlen, wie ruhig der schlüge, nicht wie der eines Wahnsinnigen. Und er bat sie mit Tränen, dem Himmel für das Vergangene zu beichten, und für die Zukunft die Gemeinschaft mit dem König zu meiden und sich nicht als sein Weib zu betrachten; und sobald sie sich ihm als Mutter zeige, indem sie seines Vaters Andenken ehre, werde er ihren Muttersegen erbitten. Und da sie versprach, seinen Weisungen zu folgen, endete das Gespräch.

Jetzt hatte Hamlet Muße, genauer zuzusehen, wen er in seiner unglückseligen Hitze getötet hätte; und als er entdeckte, daß es Polonius war, der Vater Ophelias, die er so zärtlich liebte, zog er den Leichnam beiseite, und da sein Gemüt ein wenig ruhiger war, mußte er über seine Tat weinen.

Dieser unselige Tod des Polonius gab dem König einen Vorwand, Hamlet auswärts zu senden. Er würde ihn gern haben hinrichten lassen, weil er ihn als gefährlich fürchtete; aber er scheute das Volk, das Hamlet liebte, und die Königin nicht minder, die trotz aller Fehler für ihren fürstlichen Sohn schwärmte. So veranlaßte der schlaue König, unter dem Vorwand für Hamlets Sicherheit zu sorgen (damit er nicht für Polonius' Tod zur Rechenschaft gezogen würde), daß der junge Fürst an Bord eines Schiffes gebracht ward, mit der Bestimmung nach England, unter der Aufsicht zweier Höflinge, durch die er Briefe an den englischen Hof befördern ließ, der damals von Dänemark abhängig und ihm zinspflichtig war. Darin stellte er die Forderung, unter besonderen hier vorgeschützten Gründen, daß Hamlet, sobald er auf englischem Grund und Boden landete, getötet würde. Der junge Fürst ahnte Verräterei; zur Nachtzeit machte er sich heimlich über die Briefe her, und indem er geschickt seinen eigenen Namen auslöschte, setzte er an die Stelle desselben die Namen jener beiden Höflinge, welche den Auftrag hatten, ihn zum Tod zu befördern; dann drückte er sein Siegel auf die Briefe und legte sie wieder an ihre Stelle. Bald nachher ward das Schiff von Seeräubern angegriffen, und es begann ein Gefecht; im Verlauf desselben sprang Hamlet, voll jugendlicher Begierde, seine Tapferkeit zu zeigen, allein mit dem Schwert in der Hand in das feindliche Bord, aber sein eigenes Schiff segelte feige weg, und die beiden Höflinge, ihn seinem Schicksal überlassend, eilten nach England mit jenen Briefen, deren Inhalt Hamlet zu ihrem eigenen gerechten Verderben umgeändert hatte.

Die Seeräuber, welche den Fürsten in ihrer Gewalt hatten, zeigten sich als großmütige Feinde; sie wußten, wer ihr Gefangener sei, und in der Hoffnung, daß er ihnen einst am Hof einen guten Gegendienst erweisen könnte, zur Belohnung für die ihm bezeigte Gunst, setzten sie Hamlet im nächsten dänischen Hafen ans Land. Von hier aus schrieb er an den König indem er ihm den sonderbaren Glücksfall, der ihn in sein Vaterland zurückgebracht hatte, mitteilte und sagte, daß er in den nächsten Tagen sich Sr. Majestät vorstellen würde. Als er heimgekehrt war, bot sich zuerst ein trauriger Anblick seinem Auge dar.

Es war das Leichenbegängnis der jungen und schönen Ophelia, der einst so zärtlich von ihm geliebten. Die zarte Jungfrau hatte seit dem Tod ihres armen Vaters den Verstand verloren. Daß er eines gewaltsamen Todes sterben mußte und durch die Hand des jungen Fürsten, den sie liebte, erschütterte ihr junges Gemüt derartig, daß sie in kurzer Zeit vollkommen irrsinnig ward. Sie pflegte herumzugehen, indem sie den Damen des Hofes Blumen austeilte und sagte, daß sie von ihres Vaters Begräbnis wären; sie sang von Liebe und Sterben und bisweilen auch ganz sinnlose Gesänge, als wenn sie kein Gedächtnis für ihre Erlebnisse hätte. Ein Weidenbaum neigte sich über einen Bach und spiegelte sein grünes Laub im Strom. An diesen Bach kam sie eines Tages in einer unbewachten Stunde, mit Kränzen, die sie gewunden hatte aus Maßliebchen und Nesseln, Blumen und Unkraut, und als sie hinaufklomm, um ihre Kränze auf die Zweige des Weidenbaumes zu hängen, brach ein Zweig, und das schöne junge Mädchen stürzte mit allem, was sie gesammelt hatte, ins Wasser. Ihre Kleider trugen sie noch eine Weile, während sie Bruchstücke alter Weisen sang, als ob sie ihre eigene Not nicht begriffe, oder als wäre sie ein für dieses Element geborenes und begabtes Geschöpf. Aber es währte nicht lange, bis ihre Kleider, die sich schwer getrunken hatten, sie von ihren melodischen Sängen hinunterzogen in einen schlammigen und bedauernswerten Tod.

Das Leichenbegängnis dieser schönen Jungfrau feierte eben ihr Bruder Laertes, als Hamlet ankam; der König und die Königin und der ganze Hof waren zugegen. Hamlet wußte nicht, was all dies Gepränge bedeute; er stellte sich zur Seite, um nicht die Feierlichkeit zu unterbrechen. Er sah die Blumen auf ihr Grab streuen, wie es bei Jungfrauen-Begräbnissen Sitte war; die Königin warf sie selbst in die offene Gruft, und dabei sagte sie: „Lieblichste der Lieblichen! Ich hoffte dein Brautbett damit zu schmücken, süßes Mädchen, nicht dein

Grab zu bestreuen. O daß du meines Hamlets Gattin geworden wärest!" Und er hörte ihren Bruder wünschen, daß Veilchen ihrem Grab entsprießen möchten, und er sah ihn wahnsinnig vor Schmerz in die Grube hineinspringen, und hörte, wie er das Gefolge anflehte, Berge von Erde auf ihn zu häufen und ihn mit ihr zu begraben. Und Hamlets Liebe für die schöne Jungfrau loderte wieder auf, und er konnte es nicht ertragen, daß ein Bruder so überwallenden Schmerz zeigte, denn er glaubte Ophelia mehr zu lieben als vierzigtausend Brüder. Dann gab er sich zu erkennen und sprang in die Gruft, worin Laertes war, ebenso wahnsinnig oder noch wahnsinniger als er, und Laertes erkannte ihn, der die Schuld an seines Vaters und seiner Schwester Tod trug, und faßte ihn wie einen Feind an der Gurgel, bis das Gefolge sie trennte; und Hamlet entschuldigte nach dem Leichenbegängnis sein heftiges Verfahren, daß er sich in die Gruft gestürzt hätte, wie um Laertes zu trotzen, aber er hätte es nicht ertragen können, daß man von einem sage, er hätte ihn im Schmerz um den Tod der schönen Ophelia übertroffen. Und vorerst schienen diese beiden edlen Jünglinge versöhnt zu sein.

Aber den Kummer und den Schmerz des Laertes um seines Vaters und Ophelias Tod suchte der König, Hamlets verworfener Oheim, zu seines Neffen Verderben auszunutzen. Er stiftete Laertes an, er solle, unter der Maske des Friedens und der Versöhnung, Hamlet herausfordern zu einer freundschaftlichen Prüfung ihrer Geschicklichkeit im Fechten. Hamlet nahm die Forderung an; ein Tag ward bestimmt, den Wettkampf auszumachen. Dabei war der ganze Hof anwesend. Laertes bereitete nach Anweisung des Königs eine vergiftete Waffe vor. Die Höflinge stellten bei dieser Gelegenheit große Wetten an, da sowohl Hamlet wie Laertes als ausgezeichnete Fechter galten. Und Hamlet nahm die Klingen auf und wählte sich eine, ohne Laertes' Verräterei zu ahnen oder ängstlich des Gegners Waffe zu prüfen. Aber dieser gebrauchte statt einer Klinge oder eines stumpfen Schwertes, wie es die Regeln

der Fechtkunst vorschreiben, einen spitzen und noch dazu vergifteten Degen.

Zuerst spielte Laertes bloß mit Hamlet und ließ ihn einige Vorteile über sich gewinnen. Das pries und erhob der heuchlerische König über alles Maß; er trank auf Hamlets Erfolg und stellte große Wetten auf seinen Sieg an. Aber nach einigen Gängen führte Laertes, indem er warm wurde, einen tödlichen Stoß mit seiner vergifteten Waffe auf Hamlet aus. Feuer und Flamme geworden, aber noch nicht das ganze verräterische Spiel ahnend, vertauschte Hamlet in der Verwirrung seine unschuldige Waffe mit der tödlichen des Laertes, und mit einem Stoß von Laertes' eigenem Degen vergalt er seinem Gegner, der so mit Recht in die Schlinge seines eigenen Verrates fiel.

In diesem Augenblick schrie die Königin auf, daß sie vergiftet wäre. Sie hatte unachtsamerweise aus einer Schale getrunken, welche der König für Hamlet bereitet hatte, falls dieser, im Fechten warm geworden, nach einem Trunk rufen sollte; dahinein hatte der verräterische König ein tödliches Gift gegossen, um jedenfalls des Todes Hamlets sicher zu sein, wenn Laertes' Anschlag nicht gelungen wäre. Er hatte vergessen, die Königin vor der Schale zu warnen; sie trank davon und starb augenblicklich, mit ihrem letzten Atem noch ausrufend, daß sie vergiftet sei. Hamlet, der einen Verrat ahnte, befahl die Türen während seiner Untersuchung zu schließen. Aber Laertes sagte ihm, er möge nicht weiter suchen, denn er selber sei der Verräter; und da er fühlte, daß sein Leben durch die Wunde dahinschwand, die ihm Hamlet geschlagen, beichtete er den geübten Verrat, und wie er diesem selbst zum Opfer gefallen sei; und er erzählte von der vergifteten Degenspitze: Nur eine halbe Stunde habe Hamlet noch zu leben, denn keine Arznei könne ihm helfen. Und ihn um Vergebung anflehend, starb er, indem er mit seinen letzten Worten noch den König anklagte, den Anstifter des Unheils.

Auch Hamlet sah sein Ende nahen, aber da noch etwas Gift an dem Degen geblieben war, wandte er sich plötzlich gegen den verräterischen Oheim und stieß ihm die Spitze durchs Herz. So ward das Versprechen erfüllt, das er dem Geist seines Vaters gegeben hatte; dessen Auftrag war nun vollzogen und seine schändliche Ermordung gerächt an dem Mörder.

Dann wandte sich Hamlet, welcher fühlte, daß sein Atem schwächer würde und das Leben schwände, an seinen teueren Freund Horatio, welcher Zeuge dieses verhängnisvollen Trauerspiels gewesen war. Und mit seinem dahinsterbenden Odem beschwor er ihn, er möge leben, um seine Geschichte der Welt zu erzählen (denn Horatio hatte eine Bewegung gemacht, als wollte er sich entleiben, um den Fürsten im Tod zu begleiten); und Horatio versprach, daß er einen treuen Bericht geben wolle, als einer, der in alle Einzelheiten eingeweiht sei. Mit dieser Befriedigung brach Hamlets edles Herz; und Horatio und die Umstehenden befahlen unter vielen Tränen den Geist ihres geliebten Fürsten dem Schutze der himmlischen Heerscharen. Denn Hamlet war ein liebevoller und edler Fürst und hochgeschätzt wegen seiner vielen herrlichen und wahrhaft fürstlichen Eigenschaften; und wenn ihm ein längeres Leben beschieden gewesen wäre, würde er ohne Zweifel sich für Dänemark als einen höchst königlichen und vollkommenen Herrscher bewährt haben.

Ein Sommernachtstraum

Es gab in der Stadt Athen ein Gesetz, welches die Bürger ermächtigte, ihre Töchter zur Heirat zu zwingen, mit wem immer es ihnen beliebte; denn bei der Weigerung einer Tochter, den Mann zu heiraten, den ihr Vater zu ihrem Gatten ausgewählt hatte, war der Vater berechtigt, sie hinrichten zu lassen. Aber da Väter nicht oft den Tod ihrer eigenen Töchter wünschen, selbst wenn sie sich etwa ein wenig widerspenstig zeigen, so war jenes Gesetz selten oder nie ausgeführt worden, obwohl die jungen Mädchen der Stadt vielleicht öfter durch ihre Eltern mit den Schrecken desselben bedroht worden waren.

Indessen traf es sich doch einmal, daß ein alter Mann, namens Egeus, wirklich vor Theseus (dem damals regierenden Herzog von Athen) erschien, um sich zu beklagen, daß seine Tochter Hermia, der er befohlen hatte, Demetrius, einen jungen Mann aus einer edlen athenischen Familie, zu heiraten, ihm den Gehorsam verweigert hätte, weil sie einen anderen jungen Athener, namens Lysander, liebte. Egeus verlangte Gerechtigkeit von Theseus und wünschte, daß jenes grausame Gesetz gegen seine Tochter in Kraft gesetzt würde.

Hermia führte zur Entschuldigung ihres Ungehorsams an, daß Demetrius früher um ihre teure Freundin Helena geworben habe, und daß Helena den Demetrius bis zum Wahnsinn liebe; aber dieser gewichtige Grund Hermias für ihre Weigerung, dem Befehl des Vaters zu gehorchen, rührte den strengen Egeus nicht.

Obgleich Theseus ein großer und gnädiger Fürst war, hatte er doch nicht die Macht, seines Landes Gesetze zu ändern; deshalb konnte er nichts anderes tun, als Hermia vier Tage Bedenkzeit geben; und nach Ablauf dieser Frist war sie, wenn sie sich noch weigerte,

Demetrius zu heiraten, dem Tode verfallen.

Als Hermia vom Herzog entlassen war, eilte sie zu ihrem Liebhaber Lysander, ihm von der Gefahr zu erzählen, die sie bedrohte: Entweder müßte sie ihn aufgeben und Demetrius heiraten oder in vier Tagen sterben.

Lysander geriet in große Betrübnis, als er diese üble Nachricht hörte. Aber er besann sich, daß er eine Muhme hätte, die in einiger Entfernung von Athen lebte, und daß an ihrem Wohnort das grausame Gesetz gegen Hermia nicht angewandt werden könne, da das Gesetz sich nicht weiter erstrecke als auf das Gebiet der Stadt. Er schlug also Hermia vor, daß sie sich diese Nacht aus dem Haus ihres Vaters schleichen und mit ihm zu dem Haus seiner Muhme gehen solle, wo er sie heiraten würde. „Ich will", sagte Lysander, „dich in dem Wald ein paar Wegstunden außerhalb der Stadt treffen, in jenem anmutigen Gehölz, wo wir so oft mit Helena im wonnigen Monat Mai gelustwandelt haben."

Diesem Vorschlag stimmte Hermia freudig zu, und sie sagten niemandem etwas von ihrer beabsichtigten Flucht, außer ihrer Freundin Helena. Diese beschloß aber, in recht kleinlicher Weise (wie junge Mädchen oft aus Liebe törichte Dinge tun) hinzugehen und Demetrius das zu erzählen, obgleich sie auf keinen Vorteil vom Verrat des Geheimnisses ihrer Freundin hoffen konnte, außer dem armseligen Vergnügen, ihrem treulosen Liebhaber in den Wald zu folgen; denn das konnte sie wohl wissen, daß Demetrius dorthin gehen würde, um Hermia nachzuspüren.

Der Wald, in welchem Lysander und Hermia sich zu treffen beabsichtigten, war der Lieblingsaufenthalt jener kleinen Wesen, die unter dem Namen „Elfen" bekannt sind.

Oberon, der König, und Titania, die Königin der Elfen, pflegten mit ihrem ganzen winzigen Gefolge in diesem Wald ihre mitternächtlichen Zusammenkünfte zu halten.

Zwischen diesem kleinen Geisterkönigspaar war damals eine traurige Mißhelligkeit ausgebrochen; in den schattigen Laubgängen dieses reizenden Waldes begegneten sie sich beim Mondlicht nie anders als mit lautem Gezänk, bis die Elfen in Eichelschalen zu kriechen pflegten und sich aus Furcht versteckten.

Die Ursache dieser unseligen Mißhelligkeit war Titanias Weigerung, Oberon einen kleinen angenommenen Knaben zu übergeben, dessen Mutter Titanias Freundin gewesen war; nach deren Tod hatte die Elfenkönigin das Kind ihrer Amme entführt und in den Wäldern aufgezogen.

In der Nacht, in welcher die beiden Liebenden sich in diesem Wald finden wollten, begegnete Titania, als sie eben mit einigen ihrer Ehrenjungfrauen lustwandelte, ihrem Gemahl Oberon in Begleitung seines Gefolges von Elfenhöflingen.

„Schlimm treffen wir uns bei Mondlicht, stolze Titania", sagte der Elfenkönig. Die Königin erwiderte: „Wie, eifersüchtiger Oberon, bist du es? Elfen, schlüpft von hinnen; ich habe seine Gesellschaft verschworen." „Verweile noch, sei nicht zu rasch," sagte Oberon, „bin ich nicht dein Herr? Warum kränkt Titania ihren Oberon? Gib mir dein kleines angenommenes Kind, daß es mein Edelknabe sei."

„Beruhige dich," antwortete die Königin, „dein ganzes Elfenkönigtum kauft mir den Knaben nicht ab." Damit ließ sie ihren Herrn in großem Zorn zurück. „Gut, gehe nur deines Weges," sprach Oberon, „bevor der Morgen dämmert, sollst du mir diesen Trotz büßen."

Oberon ließ dann Puck, seinen Günstling und Geheimrat, kommen.

Puck (oder, wie er zuweilen genannt wird, Droll) war ein listiger und schelmischer Geist und pflegte in den benachbarten Dörfern allerlei lustige Streiche zu vollführen. Zuweilen schlich er sich in die Milchkammern und rahmte die Milch ab, zuweilen tauchte er mit seiner behenden und lustigen Gestalt ins Butterfaß, und während er seine possierlichen Tänze im Faß aufführte, arbeitete die Magd vergeblich, ihren Rahm in Butter zu verwandeln. Auch die Burschen des Dorfes hatten keinen besseren Erfolg: sooft es Puck einfiel, seinen Spaß im Braukessel zu treiben, ward das Bier sicherlich verdorben. Wenn ein paar gute Nachbarn zusammenkamen, um miteinander einen gemütlichen Trunk zu tun, plumpste Puck in Gestalt eines gekochten Krebses in den Bierhumpen, und wenn dann eine gute Alte trinken wollte, fuhr er wohl gegen ihre Lippen und verschüttete das Bier über ihr welkes Kinn, und gleich danach, wenn dieselbe gute Alte sich ehrbar niedersetzen wollte, um ihren Nachbarn eine Trauermär zu erzählen, zog Puck den dreibeinigen Stuhl unter ihr weg, und die Alte purzelte nieder, und dann hielten sich die alten Gevatterinnen die Seiten und lachten über sie und schworen, daß sie nie eine lustigere Stunde verlebt hätten.

„Komm hierher, Puck," sagte Oberon zu diesem kleinen lustigen Nachtwanderer, „hole mir die Blume, welche die Mädchen ‚Lieb im Müßiggang' nennen; der Saft dieser kleinen purpurnen Blume, auf die Augenlider der Schlafenden geträufelt, bewirkt, daß sie, sobald sie erwachen, sich in das erste beste, das sie sehen, verlieben. Einige Tropfen vom Saft dieser Blume will ich auf die Augenlider meiner Titania träufeln, sobald sie eingeschlafen ist, und das erste, worauf sie blickt, wenn sie ihre Augen öffnet, soll sie mit Liebe verfolgen, mag es ein Löwe oder ein Bär oder ein naseweiser Affe oder ein geschäftiger Pavian sein; und bevor ich diesen Zauber von ihrem Auge nehme, was ich mit einem anderen mir bekannten Kraut vermag, muß sie mir diesen Knaben zu meinem Dienst geben."

Puck, der für sein Leben gern einen Schabernack ausübte, war hoch erfreut über den beabsichtigten Spaß seines Meisters und eilte fort, die Blume zu suchen. Und während Oberon die Rückkehr Pucks erwartete, bemerkte er, wie Demetrius und Helena in den Wald eintraten. Er hörte mit an, wie Demetrius der Helena Vorwürfe machte, daß sie ihm gefolgt sei, und nach manchen rauhen Worten von seiner Seite und artigen Beschwerden Helenas, die ihn an seine frühere Liebe und die Versicherungen seiner Treue erinnerte, überließ er sie der Gnade der wilden Tiere, und sie ging ihm nach, so schnell sie nur konnte.

Der Elfenkönig, der gegen treue Liebende stets freundlich war, fühlte mit Helena großes Mitleid; und da, wie Lysander sagte, die Liebenden bei Mondlicht in diesem reizenden Wald zu lustwandeln pflegten, so mochte vielleicht Oberon Helena in jenen glücklichen Zeiten gesehen haben, als Demetrius sie noch liebte. Mochte dem sein, wie ihm wolle; jedenfalls sprach Oberon, als Puck mit der kleinen purpurnen Blume zurückkehrte, zu seinem Günstling: „Nimm einen Teil von dieser Blume; hier ist ein liebreizendes athenisches Mädchen gewesen, welches einen sie verschmähenden Jüngling liebt; wenn du ihn schlafend findest, träufele ihm von dem Liebeszauber in die Augen; aber bedenke wohl, daß du es tun mußt, wenn sie ihm nah ist, damit das erste, was er beim Erwachen sieht, dies verschmähte junge Mädchen sei. Du wirst den Mann an seiner athenischen Kleidung erkennen." Puck versprach, diese Sache recht geschickt zu behandeln; dann eilte, unbemerkt von Titania, Oberon zu ihrer Laube, wo sie sich anschickte, zur Ruhe zu gehen. Ihre Elfenlaube war auf einem Hügel, wo wilder Thymian, Schlüsselblumen und süße Veilchen wuchsen unter einer Wölbung von Geißblatt, Jasmin und wilden Rosen. Hier schlummerte Titania immer einen Teil der Nacht; ihre Bettdecke war die in Schmelz schimmernde Haut einer Schlange, die, obgleich ein schmaler Mantel, doch weit genug war, um die Elfenglieder einzuhüllen.

Als er ankam, gab Titania eben ihren Elfen Befehle, was sie während ihres Schlummers zu tun hätten. „Einige von euch," sprach Ihre Majestät, „müssen Käfer töten in den Jasminknospen, andere Krieg mit den Fledermäusen führen wegen ihres Flügelbalgs, um meinen kleinen Elfen Röcke daraus zu machen, andere sollen Wache halten, daß der nächtlich kreischende Kauz mir nicht zu nahe komme; aber erst singt mich in Schlaf." Dann begannen sie das Lied zu singen:

„Bunte Schlangen, zweigezüngt,
Igel, Molche, fort von hier!
Daß ihr euer Gift nicht bringt
in der Königin Revier.
Nachtigall, mit Melodei,
sing' in unser Eiapopei!
Eiapopeia, Eiapopei!
Daß kein Spruch,
kein Zauberfluch
der holden Herrin schädlich sei!
Nun gute Nacht mit Eiapopei!"

Als die Elfen mit diesem niedlichen Eiapopei ihre Königin in den Schlaf gesungen hatten, verließen sie dieselbe, um ihre wichtigen, ihnen aufgetragenen Dienste zu verrichten. Dann schlich Oberon leise zu seiner Titania heran, ihr ein wenig von dem Liebessaft auf die Augenlider zu träufeln, indem er sagte:

„Was du wirst erwachend sehn,
wähl' es dir zum Liebchen schön."

Doch die Erzählung kehrt zu Hermia zurück, welche in dieser Nacht aus dem Haus ihres Vaters geflohen war, um dem Tod zu entgehen, zu dem man sie wegen ihrer Weigerung, Demetrius zu heiraten, verurteilt hatte. Als sie den Wald betreten hatte, fand sie ihren teuren Lysander schon vor, der sie erwartete, um sie in das Haus seiner Muhme zu geleiten; aber bevor sie den Wald halb durchschritten hatten, war Hermia so ermüdet, daß Lysander, zärtlich besorgt um seine teure Braut, die ihre Liebe für ihn selbst durch das Wagnis ihres Lebens bewiesen hatte, sie überredete, bis zum Morgen auf einer Bank von weichem Moos zu ruhen. Und indem er sich selbst in einiger Entfernung auf den Boden niederlegte, schlummerten sie bald fest ein. Hier fand sie Puck. Indem er einen hübschen Jüngling schlafen sah und bemerkte, daß seine Kleider in der Art der Athenertracht geschnitten waren, und daß ein liebliches Mädchen in seiner Nähe schlief, zog er den Schluß, daß dies die athenische Jungfrau sein müsse und der sie verschmähende junge Mann, den zu suchen ihn Oberon ausgesandt hatte. Und da sie allein miteinander waren, so war es ganz natürlich, daß er vermutete, daß sie die erste sein müsse, die er beim Erwachen sehen würde. Ohne weiteres also goß er von dem Saft der kleinen purpurnen Blume auf sein Auge. Aber es begab sich, daß Helena dieses Weges kam und anstatt Hermias der erste Gegenstand war, den Lysander erschaute, als er die Augen öffnete; und – wunderbar! – so mächtig war der Liebeszauber, daß alle seine Liebe für Hermia verschwunden war und Lysander ganz für Helena entbrannte.

Hätte er beim Erwachen zuerst Hermia gesehen, so hätte der Mißgriff, den Puck sich zu Schulden kommen ließ, nichts weiter auf sich gehabt, denn er konnte dies treue Mädchen nicht zu innig lieben; aber daß der arme Lysander durch einen Elfen-Liebeszauber gezwungen war, seine eigene treue Hermia zu vergessen und hinter einem andern Mädchen herzulaufen und Hermia schlafend in einem Wald ganz allein um Mitternacht zu verlassen – das war in der Tat ein trauriges Verhängnis.

Dies Mißgeschick hatte sich aber folgendermaßen ereignet: Wie vorher erzählt worden ist, bemühte sich Helena mit Demetrius Schritt zu halten, als er so heftig von ihr wegrannte; aber sie konnte diesen ungleichen Wettlauf nicht lange fortsetzen, da Männer auf einer weitgestreckten Bahn immer bessere Läufer sind als Frauen. Helena verlor also bald Demetrius aus den Augen; und da sie weit und breit umherirrte, langte sie niedergeschlagen und verzweifelt an der Stelle an, wo Lysander noch schlief. „Ach," rief sie, „das ist Lysander, der hier am Boden liegt! Ist er tot oder schläft er?" Dann, ihn leise berührend, sagte sie: „Lieber Herr, wenn Ihr lebt, so erwacht!" Darauf öffnete Lysander die Augen, und, indem der Liebeszauber zu wirken begann, redete er sie unmittelbar in Ausdrücken schwärmerischer Liebe und Bewunderung an. Er sagte ihr, daß sie ebenso sehr an Schönheit Hermia überträfe wie die

Taube die Krähe, und daß er durchs Feuer rennen würde um ihrer Holdseligkeit willen, und was es noch mehr dergleichen liebesglühende Worte gibt. Helena, die Lysander als den Liebhaber ihrer Freundin Hermia kannte, und wußte, daß er feierlich verpflichtet sei, sie zu heiraten, geriet in äußerste Wut, als sie sich in dieser Art angeredet hörte; denn sie glaubte natürlich, daß er seinen Scherz mit ihr triebe. „O," rief sie, „weswegen ward ich geboren, um so von jedermann verspottet und verhöhnt zu werden? Ist es nicht genug, junger Mann, ist es nicht genug, daß ich nie einen holden Blick oder ein gütiges Wort von Demetrius gewinnen kann? Müßt auch Ihr noch, Herr, in so höhnischer Weise mir den Hof machen? Ich dachte, Lysander, Ihr wäret ein Mann von echter Ritterlichkeit." Nach diesen Worten lief sie in großem Zorn davon, und Lysander folgte ihr, ganz und gar seine eigene Hermia vergessend, die noch immer schlief.

Als Hermia erwachte, erschrak sie mächtig, sich so ganz allein zu finden. Sie irrte durch den Wald, ohne zu ahnen, was aus Lysander geworden wäre oder welchen Weg sie gehen sollte, um ihn zu suchen. Inzwischen war Demetrius, der nicht imstande gewesen war, Hermia und seinen Nebenbuhler Lysander zu finden und sich durch sein fruchtloses Suchen ermüdet fühlte, fest eingeschlafen. Ihn bemerkte jetzt Oberon. Durch einige an Puck gerichtete Fragen hatte er sich überzeugt, daß dieser den Liebeszauber in die Augen des Unrechten geträufelt hätte; und nun, da er den Rechten gefunden, berührte er die Augenlider des schlafenden Demetrius mit dem Liebessaft, und er erwachte augenblicklich. Und da das erste, was er sah, Helena war, so begann er, wie Lysander zuvor, Liebeserklärungen an sie zu richten; und gerade in diesem Augenblick trat Lysander auf, dem Hermia folgte (denn durch Pucks unglücklichen Mißgriff war nun an Hermia die Reihe gekommen, hinter ihrem Geliebten herzulaufen); und jetzt erklärten Lysander und Demetrius, beide durcheinander sprechend, Helena ihre Liebe, indem sie beide unter dem Einfluß desselben mächtigen Zaubers standen.

Helena, sprachlos vor Erstaunen, dachte, daß Demetrius, Lysander und ihre sonst so teure Freundin Hermia sich miteinander verabredet hätten, ihren Scherz mit ihr zu treiben.

Hermia war ebenso sehr überrascht wie Helena; sie konnte sich nicht denken, wie Lysander und Demetrius, die vorher beide sie geliebt hätten, nun Helenas Liebhaber geworden seien; und der armen Hermia schien die Sache kein Scherz zu sein.

Die beiden Jungfrauen, die zuvor immer die zärtlichsten Freundinnen gewesen waren, brachen jetzt in zankende Worte gegeneinander aus.

„Lieblose Hermia," sagte Helena, „du hast Lysander angestiftet, mich mit spöttischen Lobpreisungen zu quälen; und dein anderer Liebhaber Demetrius, der sonst mich am liebsten mit Füßen trat – hast du ihn nicht bestellt, mich Göttin, Nymphe, wunderschön, köstlich und himmlisch zu nennen? Er würde nicht so zu mir, der Verhaßten, sprechen, wenn du ihn nicht angestiftet hättest, seinen Scherz mit mir zu treiben. Lieblose Hermia! Pfui! Dich zu Männern zu gesellen, zur Verhöhnung deiner armen Freundin! Hast du unsere Freundschaft vergessen? Wie oft haben wir beide, auf einem Polster sitzend, ein Liedchen wirbelnd, mit unseren Nadeln dieselbe Blume schaffend, nach einem und demselben Muster gestickt! Wir wuchsen miteinander auf wie eine Doppelkirche, kaum dem Scheine nach getrennt, doch in der Trennung eins! Hermia, es ist nicht freundschaftlich, es ist nicht jungfräulich, zu Männern dich zu gesellen, zur Verhöhnung deiner armen Freundin!"

„Ich bin erstaunt über dein ungestümes Wort," sagte Hermia, „ich höhne dich nicht, es scheint, du höhnst mich."

„Schon recht," entgegnete Helena, „beharrt nur in eurem Tun! Heuchelt ernste Blicke und schneidet Gesichter, wenn ich den Rücken wende! Dann blinzelt euch zu und verfolgt den feinen Scherz! Wenn ihr Mitleid, Huld oder Sitte in euch hättet, so würdet ihr mich nicht so behandeln."

Während Helena und Hermia einander diese heftigen Worte zuriefen, verließen Demetrius und Lysander sie, um im Wald Helenas wegen einen Zweikampf auszumachen. Und als sich nun die Mädchen von den Männern verlassen sahen, gingen sie voneinander und irrten noch einmal trotz ihrer Müdigkeit im Wald umher, um jede ihren Geliebten zu suchen.

Sobald sie weggegangen waren, sagte der Elfenkönig, der mit dem kleinen Puck ihrem Gezänk zugehört hatte, zu diesem: „Sieh, das kommt von deiner Nachlässigkeit, Puck; oder tatest du dies absichtlich?" „Glaube mir, König der Schatten," antwortete Puck, „es war ein Irrtum; sagtest du mir nicht, ich würde den Mann an seiner athenischen Kleidung erkennen? Indessen, ich gräme mich nicht, daß es so kam; denn ihr Gezänk, will mich bedünken, macht mir außerordentlich viel Vergnügen." „Du hast gehört," sprach Oberon, „daß Demetrius und Lysander einen passenden Platz zum Zweikampf suchen wollen. Nun befehle ich dir, die Nacht mit einem dichten Nebel zu überziehen und diese händelsüchtigen Liebhaber im Dunkel so irre zu führen, daß sie nicht imstande sind, einander zu finden. Ahme für jeden die Stimme seines Gegners nach und reize sie mit bitteren Schmähungen, daß sie dir folgen, indem sie glauben, daß es ihres Nebenbuhlers Stimme sei, die sie hören. Tue das so lange, bis sie müde sind und nicht weiter gehen können; und wenn du sie dann im Schlaf findest, träufele diesen anderen Blumensaft auf Lysanders Augen, und sobald er erwacht, wird er seine neue Liebe für Helena vergessen und zu seiner alten Leidenschaft für Hermia zurückkehren; und dann mögen diese beiden schmucken Mädchen jede mit dem geliebten Mann glücklich sein, und sie werden glauben, daß alles, was vorgefallen, nur ein quälender Traum gewesen sei. Tummle dich, Puck, ich will inzwischen sehen, welch holdes Liebchen meine Titania gefunden hat."

Titania schlummerte noch, und da Oberon in ihrer Nähe einen rüpelhaften Burschen sah, der sich im Wald verirrt hatte und gleichfalls schlief, sagte er: „Dieser

Bursch soll meiner Titania Herzensschatz werden." Und indem er dem Rüpel einen Eselskopf aufsetzte, schien dieser ihm so zu passen, als wenn er auf seinen eigenen Schultern gewachsen wäre. Obgleich Oberon den Eselskopf sehr leise befestigte, so erweckte das doch den Burschen, und er erhob sich, völlig unbewußt, was Oberon ihm getan hätte, und schwankte zu der Laube, wo die Elfenkönigin schlummerte.

„Ach, welch einen Engel sehe ich!" rief Titania, indem sie die Augen öffnete und der Saft der kleinen purpurnen Blume zu wirken begann. „Bist du ebenso weise wie du schön bist?"

„Wie, Madame?" sagte der tölpelhafte Bursche. „Wenn ich Witz genug hätte, um aus diesem Wald herauszufinden, so hätte ich gerade soviel, als mir nötig täte."

„Begehre nicht aus diesem Hain zu fliehen", sagte die verliebte Königin. „Ich bin ein Geist von nicht gemeinem Stand. Ich liebe dich. O, folge mir, ich will dir Elfen zur Bedienung geben."

Dann rief sie vier Elfen herbei, ihre Namen waren Bohnenblüte, Spinnweb, Senfsamen und Motte.

„Seid diesem lieben Herrn dienstbar", sagte die Königin. „Hüpft, wo er geht, und gaukelt um ihn her. Stillt seinen Hunger mit Trauben und Aprikosen, und stehlt für ihn die Honigsäcke der Bienen. Komm, setze dich zu mir," sagte sie zum Rüpel, „und laß mich spielen mit deinen schönen bärtigen Wangen, mein herrlicher Esel, und laß mich deine hübschen langen Ohren küssen, du meine Lust und Freude."

„Wo ist Bohnenblüte?" fragte der Rüpel mit dem Eselskopf. Er bekümmerte sich nicht viel um die schönen Redensarten der Elfenkönigin, aber er war sehr stolz auf seine neuen Diener.

„Hier, gnädiger Herr", sagte Klein-Bohnenblüte.

„Kraule Er mir den Kopf", sagte der Rüpel. „Wo ist Spinnweb?"

„Hier, gnädiger Herr", rief Spinnweb.

„Ach, mein guter Musje Spinnweb," sagte der dumme Rüpel, „töte Er mir die rote Hummel auf jenem

Distelkopf, und bringe Er mir, guter Musje Spinnweb, den Honigbeutel. Tummle Er sich nicht zu sehr bei der Verrichtung, Musje Spinnweb, und trage Er Sorge, daß der Honigbeutel nicht entzwei geht; es würde mir leid tun, wenn Er sich mit einem Honigbeutel überschüttete. – Wo ist Senfsame?"

„Hier, gnädiger Herr", sagte Senfsame. „Was befehlen Sie?"

„Weiter nichts," sagte der Rüpel, „guter Musje Senfsame, als daß Er dem Musje Bohnenblüte kratzen helfe. Ich müßte eigentlich zu einem Barbier gehen, Musje Senfsame, mir ist, als wäre ich gewaltig haarig ums Gesicht herum."

„Mein süßer Engel," sagte die Königin, „was wünschst du zu essen? Ich habe einen dreisten Elfen, der soll die Vorräte des Eichhorns durchsuchen und dir einige Nüsse bringen."

„Ich hätte lieber eine Handvoll trockener Erbsen", sagte der Rüpel, der mit seinem Eselskopf auch einen Eselshunger bekommen hatte. „Aber lassen Sie keinen von Ihren Leuten mich stören, denn ich habe Lust zu schlafen."

„Schlafe denn," sagte die Königin, „dich soll mein Arm umwinden. O, wie ich dich liebe! Wie ich dich vergöttere!"

Als der Elfenkönig den Rüpel in den Armen seiner Königin schlafen sah, trat er so weit vor, daß sie ihn sehen konnte, und er machte ihr Vorwürfe, daß sie ihre Gunst an einen Esel verschwendete.

Das konnte sie nicht leugnen, da der Rüpel noch in ihren Armen schlief, seinen Eselskopf hatte sie mit Blumen bekränzt.

Als Oberon sie einige Zeit gequält hatte, bat er sie wieder um das angenommene Kind, und sie, beschämt, von ihrem Herrn entdeckt zu sein mit ihrem neuen Liebhaber, durfte nicht wagen, es ihm zu verweigern.

Da Oberon so das kleine Kind erlangt hatte, das er sich so lange zum Edelknaben gewünscht, fühlte er Mitleid mit der unwürdigen Lage, in die er durch sein übermütiges Benehmen seine Titania gebracht hatte, und er träufelte etwas von der andern Blume Saft in ihr Auge, und die Elfenkönigin erlangte sogleich ihre Besinnung wieder und wunderte sich über ihre letzte Liebschaft, indem sie sagte, wie ihr nun graue vor dem Anblick des seltsamen Ungeheuers.

Gleicherweise nahm Oberon dem Rüpel den Eselskopf ab und ließ ihn mit seinem eigenen Narrenkopf auf den Schultern sein Schläfchen endigen.

Da Oberon und seine Titania nun wieder vollkommen ausgesöhnt waren, berichtete er ihr die Geschichte von den Liebenden und ihren mitternächtlichen Zänkereien, und sie willigte ein, mit ihm zu gehen und das Ende von deren Abenteuern zu erleben.

Der Elfenkönig und seine Gemahlin fanden die Liebhaber und ihre Schönen nicht weit von einander auf einem Rasen schlummernd; denn Puck hatte, um seinen früheren Mißgriff wieder gut zu machen, sich mit der äußersten Sorgfalt bemüht, sie sämtlich an dieselbe Stelle zu bringen, ohne daß einer vom andern wußte, und er hatte vorsichtig den Liebeszauber von den Augen Lysanders mit dem Gegenmittel entfernt, das der Elfenkönig ihm gegeben hatte.

Hermia erwachte zuerst und da sie ihren verlorenen Lysander in ihrer Nähe schlafen sah, blickte sie ihn lange Zeit an, voll von Verwunderung über seine rätselhafte Flatterhaftigkeit. Lysander aber öffnete sodann die Augen, und da er seine treue Hermia sah, gewann er seine Vernunft wieder, welche der Elfenzauber vorher verdunkelt hatte, und mit seiner Vernunft auch seine Liebe für Hermia. Und sie begannen über die Abenteuer dieser Nacht zu reden, noch voll von Zweifel, ob alle diese Dinge sich wirklich ereignet oder ob sie beide denselben verwirrenden Traum geträumt hätten.

Helena und Demetrius waren inzwischen erwacht, und da ein süßer Schlummer Helenas verstörtes und aufgeregtes Gemüt beruhigt hatte, horchte sie mit Entzücken den Liebesbekenntnissen, die Demetrius ihr auch jetzt noch machte, und die sie mit ebensoviel Überraschung wie Vergnügen als aufrichtig zu empfinden begann.

Diese hübschen Nachtwandlerinnen, die nun nicht länger mit Eifersucht aufeinander sahen, wurden noch einmal treue Freundinnen. Alle die lieblosen Worte, die vorgefallen, waren vergeben, und sie berieten ruhig miteinander, was in ihrer gegenwärtigen Lage zu tun wäre. Es ward bald abgemacht, daß Demetrius, da er seinen Ansprüchen auf Hermia entsagt hätte, nachdrücklich seinen Einfluß auf ihren Vater geltend machen solle, daß dieser das gegen sie gefällte grausame Todesurteil widerriefe. Demetrius war eben im Begriff, zur Ausführung seines freundlichen Vorhabens nach Athen zurückzukehren, da wurden sie durch den Anblick des Egeus überrascht, des Vaters von Hermia, der in Verfolgung seiner flüchtigen Tochter in den Wald gekommen war.

Als Egeus begriff, daß Demetrius seine Tochter jetzt nicht mehr heiraten wolle, widersetzte er sich nicht länger ihrer Ehe mit Lysander, sondern gab die Einwilligung, daß sie vermählt werden sollten am vierten Tage, demselben Tage, an welchem Hermia ihr Leben zu verlieren verurteilt war; und Helena willigte freudig ein, an demselben Tag ihren geliebten und nun getreuen Demetrius zu heiraten.

Der Elfenkönig und seine Gemahlin, die unsichtbare Zuschauer dieser Versöhnung waren und nun, durch die wirksame Vermittlung Oberons, das glückliche Ende der Geschichte der Liebenden herbeigeführt sahen, empfanden darüber so viel Vergnügen, daß sie in ihrer Güte beschlossen, die herannahenden Hochzeiten mit Spielen und Gelagen durch ihr ganzes Elfenreich zu feiern.

Sollte nun jemand mit dieser Geschichte von Elfen und ihren Streichen unzufrieden sein, indem er sie für unglaublich und ungereimt hielte, so möge er sich einbilden, geschlafen und geträumt zu haben, und er mag annehmen, daß alle diese Abenteuer nur Traumerscheinungen seien, die er im Schlaf gesehen habe. Und ich hoffe, daß keiner von meinen Lesern so geschmacklos sein wird, sich verletzt zu fühlen durch einen artigen, harmlosen Sommernachtstraum.

König Lear

Lear, König von Britannien, hatte drei Töchter: Gonerill, die Gemahlin des Herzogs von Albanien; Regan, die mit dem Herzog von Cornwall vermählt war; und Cordelia, eine Jungfrau, um deren Liebe sich der König von Frankreich und der Herzog von Burgund zusammen bewarben. Sie verweilten damals zu diesem Zweck an Lears Hof.

Der alte König, gebeugt vom Alter und den Anstrengungen der Regierung (denn er war mehr als achtzig Jahre alt), beschloß, nicht weiter an Staatsgeschäften teilzunehmen, sondern sie jüngeren Kräften anzuvertrauen, damit er Muße hätte, sich auf den Tod vorzubereiten, der in nicht allzulanger Zeit erfolgen müßte. In dieser Absicht berief er seine drei Töchter zu sich, um aus ihrem eigenen Mund zu erfahren, welche von ihnen den Vater am meisten liebte, damit er sein Königreich in dem Verhältnis unter sie verteilte, wie ihre Liebe zu ihm es verdienen möchte.

Gonerill, die älteste, erklärte, daß sie ihren Vater mehr liebte, als Worte je ausdrücken könnten, daß er ihr teurer sei als das Licht ihrer eigenen Augen, teurer als Leben und Freiheit; sie fügte dazu noch eine Menge wertloser Versicherungen, die immer da, wo keine wirkliche Liebe ist, leicht zu erheucheln sind, weil es bloß einiger schöner, zuversichtlich hingeworfener Worte dazu bedarf. Der König, entzückt aus ihrem eigenen Mund diese Versicherung ihrer Liebe zu hören, dachte wirklich, daß sie von Herzen käme, und in einer Anwandlung väterlicher Zärtlichkeit verlieh er ihr und ihrem Gemahl ein Drittel seines großen Königreichs.

Dann rief er seine zweite Tochter zu sich und fragte, was sie zu sagen habe. Regan, deren Brust ebenso wie die ihrer Schwester nur ein tönendes Erz und eine klingende Schelle umschloß, blieb in ihren Beteuerungen nicht im geringsten zurück, sondern erklärte vielmehr, daß, was ihre Schwester gesprochen hätte, weit der Liebe nachstehe, die sie für seine Hoheit zu hegen bekenne, insofern als ihr jede Freude tot schiene, verglichen mit der Wonne, die sie in der Liebe zu ihrem teuren König und Vater empfinde. Lear pries sich glücklich, so liebevolle Kinder zu besitzen; und nach den wohlklingenden Versicherungen, die Regan gegeben hatte, verlieh er ihr und ihrem Gemahl ein Drittel seines Königreiches, an Größe demjenigen gleich, welches er bereits Gonerill gegeben hatte.

Dann wandte er sich an seine jüngste Tochter Cordelia, die er seine Lust und Freude nannte, und fragte sie, was sie zu sagen habe; er glaubte natürlich, daß sie sein Ohr erfreuen würde mit denselben liebevollen Worten, die ihre Schwestern geäußert hätten, oder vielmehr daß ihre Ausdrücke so viel stärker sein würden als die ihrer Schwestern, weil sie immer sein Liebling gewesen war und er sie den beiden anderen vorgezogen hatte. Aber Cordelia, angeekelt von den Schmeicheleien ihrer Schwestern, deren Herzen, wie sie wußte, anders fühlten als ihre Lippen sprachen, sah, daß alle ihre zärtlichen Versicherungen einzig und allein den Zweck hätten, dem alten König seine Besitzungen abzuschmeicheln, damit sie und ihre Gatten noch bei seinen Lebzeiten regieren könnten; sie gab daher nichts anderes zur Antwort als das, daß sie Se. Majestät liebe, wie es ihre Pflicht gezieme, nicht mehr, nicht minder.

Der König, betroffen von dieser scheinbaren Undankbarkeit seines Lieblingskindes, bat sie, ihre Worte zu erwägen und ihre Rede zu bessern, damit es ihrem Glück nicht schade.

Cordelia sagte hierauf dem König, er sei ihr Vater, ihm verdanke sie ihre Erziehung, und er habe sie geliebt; sie erwidere diese Wohltaten, wie es ihre Pflicht sei, und verehre ihn aufs höchste. Aber sie könne nicht so lange Reden formen, wie ihre Schwestern getan, oder versprechen, nichts anderes in der Welt zu lieben. Wozu hätten denn ihre Schwestern Ehemänner, wenn sie doch, wie sie sagten, für nichts anderes Liebe empfänden als nur für ihren Vater? Sollte sie selbst sich jemals vermählen, so wäre sie sicher, daß der Mann, dem sie ihre Hand reichte, der Hälfte ihrer Liebe, ihrer Sorgfalt und ihrer Pflicht bedürfen würde; sie würde nie wie ihre Schwestern heiraten, um einzig und allein ihren Vater zu lieben.

Cordelia, die in Wahrheit ihren alten Vater so schwärmerisch liebte, wie ihre Schwestern es vorgaben, würde ihm zu jeder anderen Zeit in mehr kindlichen und liebevollen Ausdrücken das gesagt haben, und ohne diese Einschränkungen, die in der Tat ein wenig undankbar klangen; aber nach den listigen Schmeichelreden ihrer Schwestern, die sie so außerordentliche Belohnungen hatte einheimsen sehen, schien es ihr das Beste, was sie tun könnte: zu lieben und zu schweigen. Dies hielt von ihrer Verehrung den Verdacht der Käuflichkeit fern und zeigte, daß sie liebte, aber nicht um Gewinnes willen, und daß ihr Bekenntnis, je weniger sie es zur Schau trüge, desto mehr Wahrheit und Aufrichtigkeit enthielte, verglichen mit den Beteuerungen ihrer Schwestern.

Lear hatte in seinen besten Zeiten immer etwas Launenhaftes und Unbesonnenes gehabt, und der Schwachsinn, der eine Beigabe des hohen Alters ist, hatte jetzt seine Vernunft so verdunkelt, daß er weder Wahrheit von Schmeichelei, noch eine bunt aufgeputzte Rede von Worten, die aus dem Herzen kamen, unterscheiden konnte. Cordelias offene Sprache, die er Stolz nannte, versetzte den alten Mann so in Wut, daß er in einer Anwandlung von Raserei das letzte Drittel seines Königreichs, welches er für Cordelia aufbehalten hatte, ihr entzog und weggab, es gleichmäßig teilend zwischen ihre beiden Schwestern und deren Männer, die Herzöge von Albanien und Cornwall. Er berief diese nun zu sich, und in Gegenwart seines ganzen Hofes bekleidete er sie, einen goldenen Reif unter sie teilend, mit seiner Macht, seinem Einkommen und seiner Regierungsgewalt, indem er sich selbst nur den Königstitel vorbehielt. Auf die anderen Vorteile der Königswürde verzichtete er, bloß mit dem Vorbehalt, daß er selbst und hundert Ritter als Gefolge monatlich abwechselnd in einem der Paläste seiner Töchter unterhalten werden sollten.

Eine so verkehrte Verfügung über sein Königreich, die so wenig durch Vernunft und so sehr durch Leidenschaft eingegeben war, erfüllte alle seine Ritter mit Erstaunen und Kummer; aber keiner von ihnen hatte den Mut, zwischen den zornentflammten König und seinen Grimm zu treten, als nur der Graf von Kent. Aber dieser hatte kaum begonnen, ein Wort zu Cordelias Gunsten zu reden, da befahl ihm schon der leidenschaftliche Lear bei Todesstrafe zu schweigen. Aber der edle Kent ließ sich so nicht zurückschrecken. Er war Lear immer treu gewesen, er hatte ihn als seinen König geehrt, wie einen Vater geliebt und ihm als seinem Herrn gedient; und hatte sein Leben nie anders betrachtet als ein Pfand, das zu wagen wäre gegen die Feinde seines königlichen Herrn, nie hatte er gefürchtet, es zu verlieren, wenn Lears Sicherheit auf dem Spiel stand. Auch jetzt, da Lear sein eigener schlimmster Feind war, vergaß dieser treue Diener seines Königs nicht seine Grundsätze, sondern trat ihm mannhaft entgegen, um Lear eine Wohltat zu erweisen, und ließ die höfischen Sitten außer acht, weil Lear wahnwitzig handelte. Er war immer in vergangenen Zeiten dem König ein treuer Ratgeber gewesen, und so bat er ihn jetzt, er möge, wie er in manchen wichtigen Angelegenheiten getan habe, mit Kents Augen sehen und auch noch seinem Rat folgen, und nach bester Überlegung seine unselige Übereilung widerrufen; denn er wolle mit seinem Leben für sein Urteil bürgen, daß Lears jüngste Tochter ihn nicht am wenigsten liebe, und daß die nicht herzlos wären, deren tiefer Klang kein Zeichen von Hohlheit gäbe. Wenn die Macht sich neige vor der Schmeichelei, so sei die Ehre verpflichtet zu offener Sprache. Denn Lears Drohungen – was könnten die ihm anhaben, dessen Leben bereits längst ihm zu Diensten stehe? Drohungen würden die Pflicht nicht am Sprechen hindern.

Die ehrenhafte Freimütigkeit des edlen Grafen von Kent reizte des Königs Wut nur noch mehr, und gleich einem rasenden Kranken, der seinen Arzt tötet und seine unheilbare Krankheit wie ein Kleinod hegt, verbannte er diesen treuen Diener und bewilligte ihm nur fünf Tage, um die Vorbereitungen zu seiner Abreise zu treffen; wenn aber der Verhaßte noch am sechsten innerhalb des britischen Königreichs angetroffen würde, so sei dieser Augenblick sein Tod. Und Kent wünschte dem König Lebewohl und sagte, seit ihm beliebte, sich so zu zeigen, sei es nur Verbannung, hier länger zu verweilen; und bevor er ging, empfahl er Cordelia, die Jungfrau, die so richtig gefühlt und so klug gesprochen hatte, dem göttlichen Schutz, ihren Schwestern aber wünschte er bloß, daß ihren hochtrabenden Reden Taten der Liebe entsprechen möchten. Dann ging er weg, wie er sagte, seine alte Lebensbahn einem neuen Land anzupassen.

Der König von Frankreich und der Herzog von Burgund wurden jetzt hereingerufen, um Lears Entschluß über seine jüngste Tochter zu hören; von ihnen wollte er erfahren, ob sie noch bei ihrer Bewerbung um Cordelia blieben, jetzt da sie unter ihres Vaters Ungnade stände und zu ihrer Empfehlung kein anderes Gut als nur die eigene Persönlichkeit hätte. Und der Herzog von Burgund lehnte den Ehebund ab, er wollte sie nicht zu solchen Bedingungen zum Weib nehmen. Aber der König von Frankreich, welcher begriff, daß ihr Fehler, der sie um ihres Vaters Liebe gebracht hätte, nur in einer Unbeholfenheit der Zunge bestände und in ihrer Unfähigkeit, gleich ihren Schwestern ihre Sprache der Schmeichelei anzupassen, nahm die Jungfrau bei der Hand, und mit den Worten, daß ja Tugenden eine Mitgift wären, die weit höher ständen, denn ein Königreich, hieß er Cordelia von ihren Schwestern und von ihrem Vater Abschied nehmen, obwohl er wenig liebevoll gewesen wäre, und sie solle mit ihm gehen und seine wie des schönen Frankreichs Königin sein und über köstlichere Besitzungen als die ihrer Schwestern herrschen; und er nannte den Herzog von Burgund verächtlich einen Wasserherzog, weil alle seine Liebe für diese Jungfrau in einem Augenblick wie Wasser zerronnen wäre.

Dann nahm Cordelia mit tränenden Augen Abschied von ihren Schwestern und beschwor sie, ihren Vater recht von Herzen zu lieben und ihre Beteuerungen wahr zu machen. Jene aber sagten ihr mürrisch, sie möchte ihnen keine Vorschriften machen, denn sie kennen ihre Pflichten, aber sie möchte sich nur bemühen, ihrem Gemahl zu genügen, der sie – wie sie sich höhnisch ausdrückten – als ein Almosen der Glücksgöttin aufgenommen hätte. Und Cordelia schied mit schwerem Herzen, denn sie kannte die Arglist ihrer Schwestern, und sie wünschte ihren Vater in besseren Händen, als worin sie ihn lassen sollte.

Cordelia war kaum gegangen, als die teuflische Gemütsart ihrer Schwestern sich in ihrem wahren Licht zu zeigen begann. Noch vor Ablauf des ersten Mondes, den Lear nach dem Vertrag bei seiner ältesten Tochter Gonerill zubringen sollte, fing der alte König an, den Unterschied zwischen Versprechen und Halten zu schmecken. Die Elende, die von ihrem Vater alles bekommen hatte, was in seiner Macht stand, der er sogar die Krone von seinem Haupt gegeben hatte, begann ihm sogar die dürftigen Reste der königlichen Würde zu mißgönnen, welche der alte Mann sich noch vorbehalten hatte, um seine Einbildungskraft zu vergnügen mit dem Gedanken, daß er noch ein König sei. Sie konnte es nicht ertragen, ihn und seine hundert Ritter zu sehen. Jedesmal, wenn sie ihrem Vater begegnete, war ihre Miene verdrießlich; und wenn der alte Mann das Bedürfnis hatte, mit ihr zu sprechen, gab sie Unwohlsein oder etwas anderes vor, um seines Anblicks entledigt zu sein. Denn es lag zu Tage, daß sie sein hohes Alter als eine unnütze Last ansah und sein Gefolge als eine unnötige Ausgabe. Nicht nur, daß sie selbst nachlässiger in der Betätigung ihrer Pflichten gegen den König ward, sondern sogar ihre Diener bemühten sich, nach ihrem Beispiel und vermutlich nicht ohne ihre heimlichen Anweisungen, ihn mit Geringschätzung zu behandeln, und sie pflegten seinen Befehlen den Gehorsam zu verweigern oder in noch mehr verächtlicher Weise zu tun, als ob sie ihn nicht hörten. Lear mußte wohl diese Veränderung im Benehmen seiner Tochter wahrnehmen, aber er verschloß so lange wie möglich die Augen davor, wie man ja gewöhnlich den unliebsamen Folgen eigener Mißgriffe und eigener Hartnäckigkeit nur unwillig Glauben schenkt.

Wahre Liebe und Treue können ebenso wenig durch üble Behandlung entfremdet, wie Falschheit und Untreue durch Güte gewonnen werden. Das tritt so recht deutlich im Verhalten des edlen Grafen von Kent vor Augen, der, obgleich er von Lear verbannt und sein Leben verwirkt war, falls er in Britannien angetroffen würde, sich dennoch entschied zu bleiben und alle Folgen über sich ergehen zu lassen, so lange irgendeine Aussicht da wäre, dem König, seinem Herrn, nützlich zu sein. Zu welchen niedrigen Hilfsmitteln und Vermummungen ist treue Anhänglichkeit oft gezwungen, ihre Zuflucht zu nehmen! Und doch erachtet sie nichts für unwürdig, wenn sie nur Dienste leisten kann, wo sie eine Verpflichtung fühlt. In der Verkleidung eines Dieners, alle seine Größe und Pracht beiseite lassend, bot der edle Graf seine Dienste dem König an, und da Lear ihn in dieser Vermummung nicht erkannte, aber Gefallen an einer gewissen Offenheit oder vielmehr Derbheit in des Grafen Antworten fand (die so ganz verschieden war, von jener glatten und geschmeidigen Hofsprache, von welcher er soviel Grund hatte, sich angeekelt zu fühlen, da er bei seiner Tochter ihr Tun nicht entsprechend gefunden hatte), so ward rasch der Handel abgeschlossen, und Lear zog Kent unter dem Namen „Cajus" in seinen Dienst, den er sich selbst beilegte, und er ahnte nicht, daß dies sein einstmaliger großer Günstling sei, der hohe und mächtige Graf von Kent.

Dieser Cajus fand bald Gelegenheit, seinem königlichen Herrn seine Treue und Liebe zu beweisen. Denn da Gonerills Haushofmeister sich eben an diesem Tag sehr unehrerbietig gegen Lear benahm und ihm freche Blicke, ja vorwitzige Worte zuwarf, wozu er ohne Zweifel von seiner Gebieterin heimlich ermutigt war, so ertrug Cajus es nicht länger, so offen die Majestät beleidigt zu sehen, und ohne weitere Umstände stellte er ihm ein Bein und legte den ungesitteten Menschen in die Gosse. Für diesen freundlichen Dienst ward Lear ihm mehr und mehr zugetan.

Kent war aber nicht der einzige Freund, den Lear hatte. In seiner Stellung und soweit, als eine so unbedeutende Persönlichkeit ihre Liebe beweisen konnte, war dies auch der arme Narr, der mit zu Lears Palast gehört hatte, so lange der König einen Palast gehabt. Denn damals war es die Gewohnheit der Fürsten und hohen Persönlichkeiten, einen Narren (wie man ihn nannte) zu halten, um ihnen nach den ernsten Geschäften Spaß zu machen. Dieser arme Narr also hing an Lear, nachdem er seine Krone weggegeben hatte, und pflegte durch witzige Sprüche seine gute Laune zu erhalten, obgleich er sich bisweilen nicht zügeln konnte, der Unklugheit seines Herrn zu spotten, daß er sich selbst entthront und alles an seine Töchter weggegeben hätte; damals hätten, wie er es in gereimten Versen ausdrückte, seine Töchter

> geweint vor freudigem Schreck,
> er sang vor bittrem Gram,
> daß solch ein König spielte Versteck
> und unter die Narren kam.

Und mit solchen wilden Sprüchen und Liedern, die ihm in Fülle zu Gebote standen, schüttete dieser unterhaltende redliche Narr sein Herz selbst in Gonerills Gegenwart aus, in manchem bitteren Hohn und Spott, der ins lebendige Fleisch schnitt. Zum Beispiel verglich er den König mit der Grasmücke, welche die Kuckucksjungen so lange füttert, bis sie alt genug geworden sind, und der dann für ihre Mühen der Kopf abgebissen wird. Auch sagte er, daß ein Esel es merken könnte, wenn der Karren das Pferd ziehe (er meinte damit, daß Lears Töchter, die hinter ihm gehen müßten, nun den Rang vor ihrem Vater einnähmen), und daß Lear nicht länger Lear, sondern der Schatten von Lear wäre – freimütige Reden, für die er zwei- oder dreimal mit der Peitsche bedroht ward.

Die eisige Kälte und das Schwinden aller Ehrfurcht, wie sie sich Lear bemerkbar machten, waren noch nicht alles, was dieser törichte, zärtliche Vater von seiner unwürdigen Tochter zu erleiden hatte; sie erklärte ihm ganz offen, daß sein Aufenthalt in ihrem Palast ihr nicht passe, solange er darauf bestünde, einen Hofstaat von hundert Rittern zu halten. Dieser Hofstaat sei unnütz und kostspielig und diene bloß dazu, ihren Palast mit Saus und Braus von Festgelagen zu erfüllen. Und sie forderte von ihm, er möge ihre Zahl vermindern und nur alte Männer um sich halten, solche wie er selbst, und die passend für seine Jahre wären.

Lear traute zuerst seinen Augen und Ohren nicht, er konnte nicht glauben, daß es seine Tochter wäre, die so lieblos sprach. Er vermochte nicht zu denken, daß sie, die eine Krone von ihm erhalten habe, sich bemühen könnte, sein Gefolge zu vermindern, und daß sie ihm die Ehrfurcht versagte, die seinem Greisenalter gebührte. Aber da sie auf ihrer unehrerbietigen Forderung beharrte, ward die Wut des alten Mannes so erregt, daß er sie einen verruchten Geier nannte, sie habe eine Lüge gesprochen; und das tat sie wirklich, denn die hundert Ritter waren lauter wackere Männer von erlesenem Benehmen und höchster Mäßigkeit der Lebensweise, geübt in jeder ritterlichen Pflicht und durchaus nicht, wie sie sagte, dem Saus und Braus von Festgelagen ergeben. Und er befahl, seine Pferde in Bereitschaft zu stellen, denn er wolle zu seiner anderen Tochter, Regan, gehen, er und seine hundert Ritter; und er sprach von Undankbarkeit, die ein marmorherziger Teufel sei und in einem Kind abscheulicher sich zeige als Meeresungeheuer. Und er verfluchte seine älteste Tochter Gonerill, so daß es entsetzlich anzuhören war: Er betete, daß sie nie ein Kind bekommen möchte, oder, wenn sie eins bekäme, daß es nur lebe, um ihr allen Hohn und alle Verachtung zu vergelten, die sie ihm gezeigt habe; damit sie empfände, wie viel schärfer als einer Schlange Zahn es nage, ein undankbares Kind zu haben. Und da Gonerills Gemahl, der Herzog von Albanien, sich zu entschuldigen begann für den Fall, daß

Lear voraussetzen könne, er habe irgendeinen Anteil an dieser Lieblosigkeit, so ließ ihn Lear nicht ausreden, sondern wütend befahl er, seine Pferde zu satteln und er reiste mit seinem Gefolge nach der Wohnung Regans ab, seiner anderen Tochter. Und Lear dachte bei sich selbst, wie gering der Fehler Cordelias (wenn es ein Fehler war) jetzt erscheine, verglichen mit dem ihrer Schwester, und er weinte bitterlich; dann aber schämte er sich, daß ein so elendes Geschöpf wie Gonerill so viel Macht über seine Mannheit haben sollte, ihn weinen zu machen.

Regan und ihr Gemahl hielten mit großer Pracht ihre Hofhaltung in ihrem Palast; und Lear ordnete seinen Diener Cajus mit Briefen an seine Tochter ab, daß sie sich auf seine Aufnahme vorbereiten möchte, während er und sein Gefolge hinterher käme. Aber es scheint, daß Gonerill ihm zuvorgekommen war, indem sie auch an Regan Briefe sandte, worin sie ihren Vater des Eigensinns und der üblen Laune anklagte und ihr den Rat erteilte, nicht ein so großes Gefolge, wie er mit sich brächte, aufzunehmen. Dieser Bote kam zu derselben Zeit wie Cajus an, und er und Cajus stießen aufeinander; und kein anderer war's als Cajus' alter Feind, der Haushofmeister, dem er früher ein Bein gestellt hatte, wegen seines frechen Benehmens gegen Lear. Cajus konnte schon den Blick des Burschen nicht leiden, und da er vermutete, weshalb er käme, begann er, ihn zu schimpfen und forderte ihn zum Zweikampf heraus. Aber da der Bursche diesen ablehnte, gab ihm Cajus, getrieben von ehrenwerter Leidenschaft, eine gesunde Tracht Schläge, wie solch ein Unheilstifter und Überbringer verruchter Botschaften sie verdiente. Aber als dies Regan und ihrem Gemahl zu Ohren kam, befahlen sie, Cajus in die Fußblöcke zu legen, obgleich er ein Gesandter vom König, ihrem Vater, war und in dieser Eigenschaft die höchste Ehrerbietung verlangte. Das erste demnach, was der König beim Eintritt ins Schloß gewahrte, war sein treuer Diener Cajus, den er in dieser unwürdigen Lage fand.

Dies war nun freilich ein übles Vorzeichen für die Aufnahme, die er zu erwarten hätte; aber eine noch schlimmere erfolgte. Denn als er sich nach seiner Tochter und ihrem Gemahl erkundigte, ward ihm erzählt, sie seien müde, weil sie die Nacht hindurch scharf gereist seien, und könnten ihn nicht sehen. Und als sie endlich, auf sein dringendes und zorniges Begehren, sie zu sehen, zu seiner Begrüßung kamen, erblickte er in ihrer Gesellschaft niemand anders als die verhaßte Gonerill, die gekommen war, ihre Lügengeschichten zu erzählen und ihre Schwester gegen den König, ihren Vater, aufzuhetzen.

Dieser Anblick ergriff den alten Mann sehr, und noch mehr regte es ihn auf zu sehen, wie Regan sie bei der Hand nahm. Und er fragte Gonerill, ob sie nicht vor Scham erglühe, auf seinen greisen Bart zu sehen. Und Regan riet ihm, wieder mit Gonerill heimzukehren und mit ihr in Frieden zu leben, indem er die Hälfte seines Gefolges entließe und sie um Verzeihung bäte; denn er sei ein alter Mann und ermangele der klaren Einsicht, und er müsse durch solche, die mehr Einsicht hätten als er, beherrscht und geleitet werden. Aber Lear meinte dagegen, es müsse ja toll klingen, wenn er niederknien und seine eigene Tochter um Brot und Kleidung bitten sollte, und er lehnte sich gegen eine so unnatürliche Abhängigkeit auf; er erklärte vielmehr, er werde nie mit ihr zurückkehren, sondern hier bei Regan bleiben, er und seine hundert Ritter, denn sie, meinte er, hätte noch nicht das halbe Königreich vergessen, das er ihr zum Brautschatz gegeben, und ihre Augen wären nicht hochmütig wie die Gonerills, sondern mild und gütig. Und lieber, schwor er, als zu Gonerill zurückkehren mit der Hälfte seines Gefolges, wolle er hinübersetzen nach Frankreich und um ein elendes Jahrgehalt den dortigen König angehen, der seine jüngste Tochter ohne Mitgift geheiratet hätte.

Aber er war sehr im Irrtum, von Regan eine gütigere Behandlung zu erwarten, als er von ihrer Schwester Gonerill erfahren hatte. Als wollte sie ihre Schwester in unkindlichem Benehmen noch überbieten, erklärte sie, daß nach ihrer Ansicht fünfzig Ritter noch zu viel seien, um sein Gefolge zu bilden; fünfundzwanzig seien genug.

Da wandte sich Lear mit fast gebrochenem Herzen an Gonerill und sagte, er wolle mit ihr zurückkehren, denn ihre fünfzig seien doch noch einmal soviel als fünfundzwanzig, und so sei ihre Liebe doppelt so groß als die Regans. Aber Gonerill zog sich zurück und meinte, was bedürfe es so vieler als fünfundzwanzig, oder nur zehn, oder fünf, da er ja an ihren Dienern oder den Dienern ihrer Schwester Aufwartung genug hätte? So hätten diese beiden verruchten Schwestern, als ob sie sich in Grausamkeit gegen ihren alten Vater überböten, der so gütig gegen sie gewesen war, ihn bei Kleinem gern seines ganzen Gefolges beraubt, des ganzen Gepränges, das (wenig genug für ihn, der einst über ein Königreich geboten hatte) ihm noch gelassen war, um zu zeigen, daß er einst ein König gewesen. Nicht als ob ein glänzendes Gefolge wesentlich wäre zum Glück, aber welch ein Wechsel vom König zum Bettler! Er, der über Millionen zu gebieten hatte, sollte ohne einen einzigen Diener sein! Und mehr als was er durch die Entbehrung seines Gefolges zu ertragen gehabt hätte, war es die Undankbarkeit seiner Töchter in der Versagung desselben, die dem armen alten König das Herz durchbohrte. Und infolge dieser doppelten Mißhandlung und der Reue, so töricht ein Königreich weggegeben zu haben, fing sein Verstand an, verwirrt zu werden, und während er sprach, ohne zu wissen, was er sagte, schwor er, sich an diesen widernatürlichen Unholdinnen zu rächen, und an ihnen ein Beispiel aufzustellen, das die Welt entsetzen sollte!

Während er so laute Drohungen ausstieß, die sein schwacher Arm nie ausführen konnte, brach die Nacht herein, und ein wütender Sturm mit Donner und Blitz und strömendem Regen; und indem seine Töchter bei ihrem Beschluß blieben, sein Gefolge nicht zuzulassen, rief er nach seinen Pferden und wollte lieber der äußersten Wut des Sturmes draußen begegnen, als unter demselben Dach mit diesen undankbaren Töchtern verweilen; und sie sagten, daß die Unbilden, welche eigensinnige Leute sich selbst zuzögen, ihre gerechte Strafe seien, und ließen ihn bei diesem Wetter ziehen und ihre Tore hinter ihm schließen.

Die Winde heulten und Regen und Unwetter wuchs noch, als der alte Mann fortstürmte, um mit den Elementen zu kämpfen, die weniger scharf schnitten, als die Lieblosigkeit seiner Töchter. Auf manche Stunde ringsherum gab's kaum einen Baum; und hier, auf einer Heide, der Wut des Sturmes in finsterer Nacht ausgesetzt, irrte König Lear umher und trotzte den Winden und dem Donner. Und er beschwor die Winde, die Erde in die See zu blasen oder die Wogen der See anzuschwellen, bis sie die Erde ersäuften, daß keine Spur eines so undankbaren Geschöpfes, wie der Mensch sei, übrig bliebe. Dem alten König war nun kein anderer Gefährte mehr zur Hand, als der arme Narr, der noch bei ihm verweilte; mit seinen lustigen Einfällen suchte er das Mißgeschick wegzuscherzen, er sagte zum Beispiel, es sei eine garstige Nacht, um darin zu schwimmen, und der König täte wahrlich besser, hineinzugehen und um seiner Töchter Segen zu bitten:

Wem der Witz nur schwach und gering bestellt,
hopheisa bei Regen und Wind,
der füge sich still in den Lauf der Welt,
denn der Regen, der regnet jeglichen Tag.

In so ärmlicher Begleitung fand diesen einst so großen Alleinherrscher sein stets treuer Diener, der edle Graf von Kent, jetzt in der Gestalt des Cajus, der ihm immer auf der Ferse nachfolgte, obgleich der König ihn nicht als den Grafen erkannte; und er sagte: „Ach Herr, seid Ihr hier? Geschöpfe, welche die Nacht lieben, mögen nicht solche Nächte wie diese. Dieser entsetzliche Sturm hat die wilden Tiere in ihre Schlupfwinkel getrieben. Des Menschen Natur kann nicht solche Not oder solche Furcht ertragen." Und Lear verwies ihm diese Worte und sagte, man fühle geringere Übel nicht, wo eine größere Krankheit sich festgesetzt hätte. Wenn das Gemüt sich in behaglichem Frieden fühle, so habe der Leib Muße, zart gestimmt zu sein; aber der Sturm in seinem Innern raube seinen Sinnen alle die anderen Gefühle, das ausgenommen, was an seinem Herzen nage. Und er sprach von kindlicher Undankbarkeit, und sagte, es wäre gerade so, als wenn der Mund die Hand zerrisse, dafür daß sie ihm Nahrung reichte; denn Eltern seien für ihre Kinder Hände und Nahrung, alles, alles!

Aber der gute Cajus bestand noch immer auf seinen Bitten, daß der König nicht unter freiem Himmel verweilen möchte, und zuletzt überredete er ihn, in eine kleine elende Hütte einzutreten, die auf der Heide stand. Da der Narr hier zuerst eintrat, rannte er plötzlich entsetzt zurück, mit den Worten, er hätte einen Geist gesehen. Aber bei näherer Untersuchung wies sich dieser Geist als ein armer Irrenhaus-Bettler aus, der in diese verlassene Hütte des Obdachs wegen gekrochen war und mit seinem Geschwätz über Teufel dem Narren einen Schrecken eingejagt hatte. Es war einer von diesen armen Verrückten, die entweder wirklich irrsinnig sind oder sich nur so stellen, um von den mitleidigen Landleuten desto leichter Almosen zu erpressen; die in der Gegend umherziehen, indem sie sich selbst „armer Thoms“ nennen: „Wer gibt dem armen Thoms etwas?“ Und sie stecken Nadeln und Nägel und Dornen in ihre Arme, um sie zum Bluten zu bringen, und mit solchem aufregenden Tun, teils unter Gebeten, teils unter wilden Flüchen, rühren oder erschrecken sie die unwissenden Landleute soweit, daß sie ihnen Almosen geben. So einer war dieser arme Bursche; und da der König ihn in einem so elenden Zustand sah, nur mit einer wollenen Decke um seine Lenden, um seine Blöße zu bedecken, ließ er sich nicht ausreden, daß dieser Bursche ein Vater sei, der alles an seine Töchter weggeschenkt und so sich in diese Not gebracht habe; denn nichts, meinte er, könnte jemanden in solches Elend bringen, als lieblose Töchter.

Aus diesen und vielen anderen wirren Reden und Äußerungen entnahm der gute Cajus deutlich, daß er nicht vollständig bei Sinnen war, sondern daß seiner Töchter üble Behandlung ihn wirklich verrückt gemacht hatte. Und nun zeigte sich die Treue dieses

würdigen Grafen von Kent in mehr wesentlichen Diensten, als er sie bis dahin zu leisten Gelegenheit gefunden hatte. Denn mit dem Beistand einiger Diener des Königs, die ihm treu geblieben waren, hatte er seinen königlichen Herrn bei Tagesanbruch in das Schloß von Dover geführt. Dort wohnten natürlich, da er Graf von Kent war, vorzugsweise seine eigenen Freunde, und dort wurzelte hauptsächlich sein Einfluß. Und indem er sich nach Frankreich einschiffte, eilte er an Cordelias Hof und stellte ihr in so bewegten Ausdrücken die mitleiderregende Lage ihres königlichen Vaters vor und schilderte in so lebhaften Farben die Unmenschlichkeit ihrer Schwestern, daß dies gute und liebevolle Kind unter vielen Tränen den König, ihren Gemahl, bat, ihr zu erlauben, daß sie sich nach England einschiffte mit einer genügenden Macht, um jene Töchter und ihre Gatten zu überwältigen und den König, ihren Vater, wieder auf seinen Thron zu erheben. Als ihr dies gestattet war, brach sie auf und landete mit einem königlichen Heer bei Dover.

Da Lear zufällig den Wächtern entschlüpft war, die der edle Graf von Kent für ihn in seinem Wahnsinn bestellt hatte, fanden ihn einige vom Gefolge Cordelias, wie er auf den Feldern nahe bei Dover in einem beklagenswerten Zustand umherirrte, ganz sich selbst entrückt und laut vor sich hinsingend, auf seinem Haupt eine Krone, die er aus Stroh und Nesseln und anderen auf den Kornfeldern aufgelesenen wilden Kräutern gewunden hatte. Durch den Rat der Ärzte ward Cordelia, wie sehr sie sich auch sehnte, ihren Vater zu sehen, dennoch bewogen, die Begegnung zu verschieben, bis er durch Schlaf und die Wirkung der Arzneimittel zu größerer Gemütsruhe gekommen sein würde. Durch die Bemühungen dieser geschickten Ärzte, denen Cordelia all ihr Gold und ihre Juwelen für die Wiederherstellung des Königs versprach, war Lear bald in einen Zustand gebracht, daß er seine Tochter sehen konnte.

Es war ein rührender Anblick, die Begegnung zwischen diesem Vater und seiner Tochter zu sehen, die Kämpfe zu erleben, zwischen der Freude dieses armen alten Königs bei dem Wiedersehen seines einst so teuren Kindes und seiner Scham, solche kindliche Güte von ihr zu empfangen, die er um eines so geringen Fehlers willen so ungnädig verstoßen hatte; und diese beiden Empfindungen kämpften mit der noch immer nicht überwundenen Krankheit, welche in seinem halbzerrütteten Gehirn bisweilen die Wirkung hervorbrachte, daß er sich kaum erinnerte, wer er wäre oder wer die, welche so zärtlich ihn küßte und zu ihm sprach; und dann bat er wohl die Umstehenden, nicht über ihn zu lachen, wenn er sich irren sollte in dem Gedanken, daß dies edle Weib seine Tochter Cordelia wäre. Und dann wieder zu sehen, wie er niederkniete, um von seinem Kind Verzeihung zu erflehen, und wie sie, das edle Weib, ihrerseits kniete, ihn um seinen Segen zu bitten, und ihm sagte, daß es ihm nicht zieme, vor ihr hinzufallen, sondern daß dies ihre Pflicht sei, denn sie wäre ja sein Kind, sein wahrhaftiges und leibliches Kind Cordelia. Und sie küßte ihn, um, wie sie sagte, alle Lieblosigkeit ihrer Schwestern hinwegzuküssen; diese möchten sich ihrer selbst schämen, ihren alten gütigen Vater mit seinem weißen Bart in die Kälte der Nacht hinausgestoßen zu haben, einer solchen Nacht, in der ihres Feindes Hund, wenn er sie auch gebissen hätte, bei ihrem Feuer (wie sie es hübsch ausdrückte) würde geduldet sein, um sich zu wärmen. Und sie erzählte ihrem Vater, wie sie von Frankreich gekommen wäre mit dem Vorsatz, ihm Hilfe zu bringen; und er sagte, sie müsse vergessen und vergeben, denn er sei ein alter und törichter Mann und wisse nicht, was er tue, aber daß sie ganz gewiß starken Grund habe, ihn nicht zu lieben, aber ihre Schwestern hätten keinen. Und Cordelia erwiderte, daß sie ebensowenig wie jene Ursache hätte, ihn nicht zu lieben.

So wollen wir den alten König im Schutz dieses pflichtgetreuen und liebevollen Kindes lassen. Mittels des Schlafes und der Arznei gelang es ihr und ihren Ärzten endlich, die verstimmten und zerrütteten Sinne, welche die Grausamkeit seiner beiden anderen Töchter so heftig erschüttert hatte, wiederherzustellen. Wenden wir uns nun noch mit einigen Worten zu diesen grausamen Töchtern!

Diesen Ungeheuern von Undankbarkeit, die so falsch gegen ihren eigenen Vater gewesen waren, konnte man nicht zutrauen, daß sie sich gegen ihre Gatten treuer beweisen würden. Sie wurden bald müde, ihnen auch nur den Anschein von Gehorsam und Liebe zu widmen, und zeigten ganz offen, daß sie ihre Neigung anderen zugewandt hätten. Zufällig war der Gegenstand ihrer sträflichen Empfindung ein und derselbe für beide. Es war Edmund, ein natürlicher Sohn des verstorbenen Grafen von Gloster. Ihm war es gelungen, durch Verrätereien seinen Bruder Edgar, den rechtmäßigen Erben, aus seiner Grafschaft zu verdrängen, und durch seine verruchte Schliche war er nun selber Graf geworden, ein nichtswürdiger Mensch und ein geeigneter Gegenstand für die Liebe so nichtswürdiger Geschöpfe wie es Gonerill und Regan waren. Da es sich nun um diese Zeit ereignete, daß der Herzog von Cornwall, Regans Gemahl, starb, so sprach unmittelbar darauf Regan die Absicht aus, sich mit diesem Grafen von Gloster zu vermählen. Das reizte jedoch die Eifersucht ihrer Schwester, welcher der elende Graf ebensowohl wie Regan verschiedentlich seine Liebe erklärt hatte, und Gonerill fand Mittel, ihre Schwester durch Gift aus dem Wege zu räumen. Aber da ihr Verbrechen entdeckt ward und ihr Gemahl, der Herzog von Albanien, für diese Tat und für ihre sträfliche Leidenschaft für den Grafen, die ihm zu Ohren kam, sie ins Gefängnis warf, so machte sie, in einem Anfall von Raserei und getäuschter Liebe, ihrem eigenen Leben rasch ein Ende. So ereilte die Gerechtigkeit des Himmels am Ende diese verruchten Töchter.

Während die Augen der Welt auf diesen Ausgang gerichtet waren und die Gerechtigkeit bewunderten, die sich in ihrem verdienten Tod offenbarte, ward die Aufmerksamkeit plötzlich hiervon abgelenkt, um die geheimnisvollen Wege derselben Macht anzustaunen, in dem überaus traurigen Schicksal der jungen und tugendhaften Tochter, der Königin Cordelia, deren gute Taten doch, wie es schien, ein glücklicheres Ende verdienten; aber es ist eine erhabene Wahrheit, daß Unschuld und

Frömmigkeit nicht immer den verdienten Erfolg in dieser Welt haben. Die Streitkräfte, welche Gonerill und Regan unter dem Oberbefehl des niederträchtigen Grafen von Gloster ausgesandt hatten, waren siegreich, und durch die Ränke dieses verruchten Grafen, der nicht dulden wollte, daß jemand zwischen ihm und dem Thron stände, mußte Cordelia ihr Leben im Gefängnis beenden. So nahm der Himmel diese Königin in ihren jungen Jahren zu sich, nachdem er in ihr der Welt ein leuchtendes Beispiel kindlicher Tugend gezeigt hatte. Lear überlebte nicht lange dieses herrliche Kind.

Bevor er starb, suchte der edle Graf von Kent, der beständig seines alten Herrn Schritte vom Beginn der üblen Behandlung seiner Töchter bis zu dieser trüben Zeit der Abnahme seiner Kräfte begleitet hatte, ihm begreiflich zu machen, daß er es wäre, der ihm unter dem Namen Cajus immer zur Seite gestanden hätte, aber Lears gramzerrüttetes Gehirn konnte jetzt nicht begreifen, wie das sich verhielte, oder wie Kent und Cajus dieselbe Person sein könnten. Kent hielt es daher für unnötig, ihn in solcher Zeit mit Erklärungen zu beunruhigen. Und da Lear bald nachher verschied, folgte dieser treue Königsdiener, teils vor Alter, teils vor Kummer über die Mißhandlungen seines alten Herrn, ihm bald in die Grube.

Es ist unnötig hier zu erzählen, wie das Gericht des Himmels den niederträchtigen Grafen von Gloster ereilte, dessen Verrat entdeckt und der selbst in einem Zweikampf mit seinem Bruder, dem rechtmäßigen Grafen, erschlagen ward; und wie Gonerills Gemahl, der Herzog von Albanien, der am Tode Cordelias unschuldig war und der seine Gemahlin nie zu ihrem verruchten Verfahren gegen ihren Vater ermutigt hatte, den britischen Thron nach dem Tod Lears bestieg. Nur Lears und seiner drei Töchter Schicksale gehen unsere Geschichte an, mit ihrem Tod also endet sie.

Romeo und Julia

Die beiden vornehmsten Familien in Verona waren die reichen Capulets und die Montagues. Zwischen diesen beiden Häusern bestand ein alter Streit, der bis zu solcher Höhe gestiegen war, und so tödlich war die Feindschaft zwischen ihnen, daß sie sich bis auf die entfernteste Verwandtschaft, auf die Gefolgschaften und Anhänger beider Seiten erstreckte, also daß ein Diener aus dem Hause Montague nicht einem Diener aus dem Hause Capulet begegnen oder ein Capulet zufällig mit einem Montague zusammentreffen konnte, ohne daß hitzige Worte und zuweilen Blutvergießen erfolgte; und häufig gab es aus Anlaß solcher zufälligen Begegnungen Hader und Lärm, der die glückliche Ruhe der Stadt Verona störte.

Der alte Schloßherr Capulet gab ein großes Fest, zu welchem viele schöne Damen und edle Gäste eingeladen wurden. Alle bewunderten Schönheiten von Verona waren zugegen, und alle, die sich einfanden, wurden willkommen geheißen, wenn sie nur nicht dem Hause Montague angehörten. Bei diesem Fest der Capulets war auch Rosaline zugegen, um die sich Romeo, der Sohn des alten Schloßherrn Montague, bewarb; und obgleich es für einen Montague gefährlich war, sich in dieser Gesellschaft sehen zu lassen, so überredete doch Benvolio, ein Freund Romeos, den jungen Edelmann, in der Verkleidung einer Maske diese Gesellschaft zu besuchen, damit er seine Rosaline sähe und sie mit einigen auserlesenen Schönheiten Veronas vergliche, die, wie er meinte, ihn bald auf den Gedanken bringen würden, daß sein Schwan eigentlich eine Krähe sei. Romeo schenkte Benvolios Worten geringen Glauben, nichtsdestoweniger ließ er sich um Rosalines willen überreden. Denn Romeo war ein aufrichtiger und feuriger Liebhaber; er hatte seinen Schlaf aus Liebeskummer verloren und er floh der Gesellschaft, um in Gedanken an Rosaline allein zu sein. Aber diese verschmähte ihn und vergalt nie seine Liebe durch das geringste Zeichen von Artigkeit oder Zuneigung, und Benvolio wünschte seinen Freund von dieser Liebe zu heilen, indem er ihm eine reiche Mannigfaltigkeit von hübschen Damen zeigte.

Zu diesem Fest der Capulets kam also damals der junge Romeo mit Benvolio und ihrem Freund Mercutio. Alle hatten eine Maske vor dem Gesicht. Der alte Capulet hieß sie willkommen und sagte scherzend, daß alle Damen, deren Zehen nicht von Hühneraugen geplagt wären, mit ihnen tanzen würden. Und der alte Mann war fröhlich und heiter und erzählte, er hätte auch in seiner Jugend eine Maske getragen und hätte wohl einmal im Flüsterton hübschen Mädchen eine Geschichte ins Ohr geraunt. Und sie begannen, mit Eifer zu tanzen. Da ward Romeo plötzlich betroffen von der strahlenden Schönheit einer jungen Dame, die hier tanzte; ihm deuchte, daß die Fackeln von ihr lernten, hell zu brennen, und daß ihre Schönheit durch das Dunkel der Nacht sich zeige wie ein blitzender Edelstein, den ein Mohr trüge, eine Schönheit zu reich für den Besitz, zu köstlich für die Erde, gleich einer schneeweißen Taube unter einem Krähenschwarm – soweit überstrahle, meinte er, ihre Schönheit und Vollkommenheit die Jungfrauen ihrer Umgebung. Während er diese Lobpreisungen aussprach, hörte ihn Tybalt, ein Neffe des Schloßherrn, er erkannte in ihm an seiner Stimme Romeo. Und dieser Tybalt, der eine feurige und leidenschaftliche Gemütsart besaß, konnte es nicht ertragen, daß ein Montague unter dem Schutz einer Maske herkäme, um, wie er meinte, ihrer Festlichkeiten zu spotten und zu höhnen. Und er tobte und raste mit blinder Wut und würde den jungen Romeo tot hingestreckt haben. Aber sein Oheim, der alte Schloßherr, wollte nicht dulden, daß er ihm in diesem Augenblick eine Beleidigung zufüge, schon aus Achtung vor seinen Gästen, aber namentlich weil Romeo sich immer wie ein Edelmann betragen habe und alle Zungen in Verona von ihm rühmten, daß er ein tugendhafter und feingesitteter Jüngling sei. So hielt Tybalt, wider Willen zur

Geduld gezwungen, noch an sich, aber er schwor, daß dieser elende Montague es ein andermal teuer bezahlen solle, sich so eingedrängt zu haben.

Als der Tanz beendet war, faßte Romeo genau den Platz ins Auge, wo die junge Dame stand; und den Vorteil seiner Maskenkleidung benutzend, welche zum Teil die Freiheit seines Vorgehens entschuldigen mochte, gestattete er sich, sie in der ritterlichsten Weise bei der Hand zu fassen. Er nannte diese Hand einen Heiligenschrein; wenn er ihn durch seine Berührung entweihe, so sei er ein errötender Pilger und wolle ihn zur Sühne küssen. „Guter Pilger," antwortete die junge Dame, „Eure Andacht gibt sich auf eine viel zu artige und höfliche Weise kund; Heilige haben Hände, welche Pilger berühren mögen, aber nicht küssen dürfen." „Haben nicht die Heiligen Lippen und die Pilger ebenso?" fragte Romeo. „Ja freilich", sagte die junge Dame, „haben sie Lippen, aber nur zum Gebet." „O dann, meine teure Heilige," sagte Romeo, „vernimm mein Gebet und erhöre es, damit ich nicht verzweifele." In solcherlei Wortspielen und artigen Liebesreden ergingen sie sich noch, als die junge Dame zu ihrer Mutter abgerufen ward. Und Romeo erfuhr auf die Frage, wer ihre Mutter sei, daß die Jungfrau, von deren unvergleichlicher Schönheit er so betroffen war, die junge Julia sei, Tochter und Erbin des Schloßherrn, des mächtigen Feindes der Montague, und daß er ahnungslos sein Herz seiner Feindin verpfändet hätte. Dies verursachte ihm große Beunruhigung, aber es konnte ihn nicht von seiner Liebe abbringen. Ebensowenig war Julia ruhig, als sie hörte, daß der Herr, mit dem sie gesprochen habe, Romeo und ein Montague sei; denn sie war plötzlich von derselben rasch auflodernden und alles vergessenden Leidenschaft für Romeo ergriffen worden, die er für sie gefaßt hatte; und wunderbar schien ihr das Aufkeimen ihrer Liebe, daß sie gerade ihren Feind lieben müßte, und daß ihre Neigungen da haften sollten, wo Familienrücksichten sie eigentlich zwingen müßten zu hassen.

Um Mitternacht verließ Romeo mit seinen Gefährten die Gesellschaft. Aber bald war er ihnen entschwunden;

doch unfähig, sich von dem Haus zu entfernen, wo er sein Herz gelassen hatte, erkletterte er die Mauer eines Gartens, der hinter Julias Hause lag. Hier hatte er noch nicht lange verweilt, über seine neue Liebe nachsinnend, als Julia über ihm an einem Fenster erschien, durch welches ihre strahlende Schönheit, wie ihm deuchte, gleich dem Sonnenlicht im Osten hindurchbrach; und vom Mond, welcher mit schwachem Licht in den Garten schien, dünkte Romeo, als ob er vor Kummer über den höheren Glanz dieser neuen Sonne krank und blaß wäre. Und da sie ihre Wange auf ihre Hand lehnte, wünschte er leidenschaftlich, ein Handschuh auf dieser Hand zu sein, damit er ihre Wange berührte. Da sie sich während dieser ganzen Zeit allein glaubte, seufzte sie tief auf und rief: „Weh mir!" Romeo war entzückt, sie sprechen zu hören, und sagte leise, ohne daß sie es wahrnahm: „O sprich wieder, leuchtender Engel, denn so erscheinst du mir zu Häupten gleich einem beschwingten Himmelsboten, dem nachzustaunen die Sterblichen sich zurücklehnen." Sie, nicht ahnend, daß sie belauscht würde, und erfüllt von der neuen Leidenschaft, welche das Ereignis dieser Nacht ins Leben gerufen hatte, rief ihren Geliebten (den sie fern glaubte) bei Namen: „O Romeo, Romeo! Warum bist du Romeo? Verleugne deinen Vater, deinen Namen, um meinetwillen; oder wenn du das nicht willst, so schwöre dich zu meinem Liebsten, und ich will nicht länger eine Capulet sein." Romeo, der sich hierdurch ermutigt fühlte, hätte gern gesprochen, aber er sehnte sich, noch mehr zu hören; und die Jungfrau fuhr in ihrem leidenschaftlichen Selbstgespräch fort, indem sie Romeo noch immer Vorwürfe machte, daß er Romeo und ein Montague sei, und ihm einen andern Namen wünschte, oder daß er den verhaßten Namen ablegen und für diesen Namen, der kein Teil von ihm selbst wäre, ihr ganzes Ich nehmen möchte. Bei diesem Liebesgeständnis konnte Romeo nicht länger an sich halten, sondern indem er das Gespräch aufnahm, als wenn ihr Wort an ihn persönlich gerichtet und nicht einzig und allein ihrer Einbildungskraft entsprungen wäre, forderte er sie auf, ihn „Geliebter" zu nennen oder mit welchem andern Namen sie wollte, denn er sei nicht länger Romeo, wenn ihr dieser Name nicht gefalle. Julia, bestürzt aus dem Garten eines Mannes Stimme zu hören, wußte zuerst nicht, wer das wäre, der, von Nacht und Finsternis begünstigt, so unvermutet ihr Geheimnis entdeckt hätte; aber als er wieder sprach – ihr Ohr hatte noch keine hundert Worte von seinen Lippen getrunken, aber so scharf ist einer Liebenden Gehör, daß sie sogleich in ihm den jungen Romeo erkannte, und sie machte ihm Vorwürfe wegen der Gefahr, welcher er sich durch das Erklimmen der Gartenmauern ausgesetzt hätte, denn wenn einer ihrer Vettern ihn hier fände, würde es sein Tod sein, da er ein Montague sei. „Ach," rief Romeo, „dein Auge droht mir mehr Gefahr als zwanzig ihrer Schwerter; blicke du nur freundlich auf mich, Geliebte, und ich bin gegen ihren Haß gefeit. Besser daß mein Leben durch ihren Haß endet, als daß dies elende Leben verlängert wird, um ohne deine Liebe zu leben." „Wie kamst du in diesen Garten?" fragte Julia. „Und wer leitete dich?" „Die Liebe leitete mich," antwortete Romeo; „ich bin kein Steuermann, aber wärest du so fern wie jenes unermeßlich weite Ufer, das vom fernsten Meer bespült wird, ich wagte mich dennoch hin, um solch ein Kleinod zu holen." Ein dunkles Rot, doch wegen der Nacht von Romeo nicht gesehen, überflutete das Antlitz Julias, als sie über die unabsichtliche Enthüllung ihrer Liebe zu Romeo nachsann. Sie würde gern ihre Worte widerrufen haben, aber das war unmöglich; gern würde sie die Form gewahrt und ihren Liebhaber in passender Entfernung gehalten haben, wie es die Sitte zarter Frauen ist, ernst und überrascht zu blicken und ihre Bewerbung zuerst schroff abzuweisen, fremd zu tun und Zurückhaltung oder Gleichgültigkeit zu heucheln, wo sie am meisten lieben, damit ihre Liebhaber nicht glauben, sie seien zu leicht und zu bequem gewonnen. Denn die Schwierigkeit, einen Gegenstand zu erreichen, erhöht den Wert desselben. Aber in ihrem Fall war keine Möglichkeit der Abweisung mehr oder der Vertröstungen oder irgendeines der gewöhnlichen Kunstgriffe der

Verzögerung und des Hinhaltens. Romeo hatte von ihren eigenen Lippen ein Bekenntnis ihrer Liebe gehört, als sie sich nicht träumen ließ, daß er in ihrer Nähe wäre. So bestätigte sie mit edlem Freimut, der Entschuldigung in der Neuheit ihrer Lage fand, die Wahrheit dessen, was er vorher gehört hatte, und indem sie ihn mit dem Namen „holder Montague" anredete (Liebe vermag ja, einen bitteren Namen zu versüßen), bat sie ihn, ihr williges Hingeben nicht dem Leichtsinn oder der Unwürdigkeit zuzuschreiben, sondern er müsse diesen Fehler, wenn es ein Fehler wäre, dem Zufall schuld geben, daß die Nacht in so seltsamer Art ihre Gedanken verraten habe. Und sie fügte hinzu, daß, wenn ihr Benehmen gegen ihn auch nicht vorsichtig genug wäre, im Vergleich mit ihres Geschlechtes Sitte, sie sich ihm doch treuer erweisen würde, als manche, deren Vorsicht Verstellung und deren bescheidene Zurückhaltung ein geschickter Kunstgriff sei.

Romeo wollte eben beginnen, den Himmel zum Zeugen anzurufen, daß seinen Gedanken nichts ferner läge, als einen Schatten von Tadel auf eine so edle Maid zu werfen: aber sie hielt ihn zurück und bat ihn, nicht zu schwören; denn obgleich sie sein sich freue, vermöge sie sich doch nicht des Bundes dieser Nacht zu freuen, er sei zu rasch, zu unbedacht, zu plötzlich. Aber da er sie bestürmte, das Gelübde der Liebe noch diese Nacht mit ihm auszutauschen, sagte sie, daß sie ihm das ihrige schon gegeben hätte, ehe er darum gebeten – sie meinte damit ihr unabsichtliches Bekenntnis, das er mit angehört hatte; aber sie würde gern ihr Gelübde, das sie damals geleistet, widerrufen, um der Freude willen, es wieder zu leisten, denn ihre Huld sei so grenzenlos und ihre Liebe so tief wie das Meer. Von dieser zärtlichen Unterredung ward sie durch die Amme weggerufen, die mit ihr in einem Zimmer schlief; denn sie meinte, es wäre Zeit für sie, im Bett zu sein, denn es war der Tagesanbruch nahe. Aber in Eile zurückkehrend, sagte sie zu Romeo noch drei oder vier Worte mehr des Inhalts, daß, wenn seine Liebe in der Tat ehrenwert und seine Absicht die Ehe sei, sie morgen früh einen Boten zu ihm senden würde, um eine Zeit für die Vermählung zu bestimmen, und dann würde sie ihm ihr ganzes Glück zu Füßen legen und ihm als ihrem Herrn durch die Welt folgen. Während sie diese Sache festsetzten, ward Julia von der Amme wiederholt gerufen, und sie ging und kehrte zurück, und sie ging wieder und kehrte nochmals zurück, denn sie schien um Romeo, wie er von ihr ging, ebenso ängstlich besorgt, wie ein junges Mädchen um ihren Vogel, den sie ein wenig von ihrer Hand weghüpfen läßt, um ihn sofort am seidenen Faden wieder zurückzuziehen. Und Romeo war ebenso abgeneigt zu scheiden wie sie. Denn für Liebende ist die süßeste Musik ihr Liebesgeflüster in der Stille der Nacht. Aber zuletzt schieden sie doch, indem sie sich gegenseitig süßen Schlaf für diese Nacht wünschten.

Der Tag graute, als sie voneinander Abschied nahmen, und Romeo, der zu erfüllt war von Gedanken an seine Geliebte und jene glückselige Zusammenkunft, als daß sie ihm Schlaf vergönnt hätten, ging nicht nach Hause, sondern lenkte seine Schritte zu einem nahegelegenen Kloster, wo er den Bruder Lorenzo zu finden hoffte. Der gute Mönch war bereits auf, um seine Andacht zu verrichten; aber als er den jungen Romeo schon so früh außerhalb des Hauses sah, kam ihm die richtige Vermutung, daß er diese Nacht nicht zu Bett gewesen sei, sondern daß irgendeine krankhafte Störung, hervorgerufen durch jugendliche Leidenschaft, ihn wach gehalten habe. Er irrte sich nicht, indem er Romeos Nachtschwärmerei der Liebe schuld gab, aber er hegte eine falsche Vermutung hinsichtlich des Gegenstandes, denn er dachte, daß seine Liebe zu Rosaline ihn wach gehalten hätte. Aber als Romeo seine neue Leidenschaft für Julia offenbarte und den Beistand des Mönches zu ihrer Vermählung am heutigen Tag erbat, da erhob der heilige Mann seine Augen und Hände, voll von Verwunderung über den plötzlichen Wechsel in Romeos Gefühlen, denn er war völlig eingeweiht gewesen in Romeos Liebe zu Rosaline und in seine vielen Klagen über ihre Zurückweisung; und er sagte, daß junger Männer Liebe wahrhaftig nicht in ihren Herzen, sondern in ihren Augen läge.

Aber da Romeo entgegnete, daß er selbst ihn wegen seiner Schwärmerei für Rosaline, die seine Liebe doch nicht vergelte, gescholten habe, während Julia Liebe um Liebe und Gunst um Gunst gewähre, so stimmte der Mönch einigermaßen seinen Gründen zu; und er dachte, daß ein Ehebund zwischen der jungen Julia und Romeo vielleicht das Mittel sein möchte, den langen Hader zwischen den Capulets und den Montagues zu beenden. Diese Feindschaft hatte nämlich niemand mehr beklagt als der gute Mönch, der beiden Familien befreundet war und oft, aber ohne Erfolg, seine Vermittlung zur Beilegung des Streites angeboten hatte. Indem er also teils durch Gründe der Klugheit bewogen ward, teils durch seine Zärtlichkeit für den jungen Romeo, dem er keine Bitte abschlagen konnte, willigte der alte Mann ein, ihre Hände durch die Ehe zu verbinden.

Nun war Romeo in der Tat glückselig, und Julia, die seine Absicht durch einen Boten erfuhr, den sie ihrem Versprechen gemäß an ihn abgesandt hatte, verfehlte nicht, sich frühzeitig in der Zelle des Bruders Lorenzo einzufinden, wo ihre Hände durch den heiligen Eheschwur verbunden wurden. Der gute Mönch betete zum Himmel, er möge auf diese heilige Handlung gnädig herabblicken und in der Vereinigung des jungen Montague und der jungen Capulet den alten Hader und die lange Feindschaft ihrer Häuser begraben.

Nach Beendigung der Feierlichkeit eilte Julia nach Hause, wo sie ungeduldig den Anbruch der Nacht erwartete. Denn Romeo hatte versprochen, alsdann zu kommen und sie in dem Garten zu treffen, wo sie sich in der vorigen Nacht begegnet waren. Und die Zwischenzeit schien ihr so träge hinzuschleichen, wie die Nacht vor einem großen Fest einem ungeduldigen Kind langsam vergeht, das ein ihm geschenktes neues Kleid nicht vor dem Morgen anlegen darf.

Diesen selben Tag stießen Romeos Freunde, Benvolio und Mercutio, als sie um Mittag durch die Straßen von Verona schlenderten, auf einen Haufen der Capulets, an ihrer Spitze den ungestümen Tybalt. Dies war derselbe wilde Tybalt, der auf dem Fest des alten Capulet gern mit Romeo gefochten hätte. Als er Mercutio sah, warf er ihm in plumper Weise vor, daß er ein Freund Romeos, ein Montague, sei. Mercutio, der ebenso Feuer und jugendliches Blut in sich hatte wie Tybalt, erwiderte scharf auf diesen Vorwurf; und trotz allem, was Benvolio sagen mochte, um ihren Zorn zu mäßigen, entwickelte sich eben ein heftiger Streit, als Romeo des Weges kam. Sofort wandte sich der wilde Tybalt von Mercutio zu Romeo und schleuderte ihm den beschimpfenden Ausdruck „Schurke" zu. Romeo wünschte mit Tybalt mehr als mit jedem anderen einen Streit zu vermeiden, weil er der Vetter Julias war und sie viel auf ihn hielt; zudem hatte sich der junge Montague nie sonderlich auf den Familienhader eingelassen, da er von Natur besonnen und höflich war, und der Name „Capulet", den seine teure Julia trug, war jetzt eher ein Zaubermittel, um seinen Groll zu mildern, als das Losungswort, seine Wut zu erregen. So versuchte er, Tybalt durch Gründe der Vernunft zu beruhigen; er begrüßte ihn freundlich mit dem Namen „guter Capulet", als wenn er, trotz seines Namens Montague, ein geheimes Vergnügen daran fände, jenen Namen auszusprechen; aber Tybalt, der alle Montagues wie die Hölle haßte, wollte nicht auf Vernunftgründe hören, sondern zog seinen Degen. Und Mercutio, der nichts von Romeos geheimen Beweggründen ahnte, Frieden mit Tybalt zu wünschen, sondern seine jetzige Mäßigung als eine Art von ruhiger aber entehrender Unterwerfung betrachtete, forderte mit vielen schmähenden Worten Tybalt heraus, seinen ersten Streit mit ihm fortzusetzen. Und Tybalt und Mercutio fochten, bis Mercutio fiel, indem er seine Todeswunde empfing, während Romeo und Benvolio sich umsonst bemühten, die Kämpfer zu trennen. Als Mercutio gefallen war, hielt Romeo seine Ruhe nicht länger aufrecht, sondern er schleuderte die höhnische Bezeichnung „Schurke", die Tybalt ihm gegeben hatte, auf seinen Gegner zurück; und sie fochten, bis Tybalt von Romeo erschlagen war.

Da dieser mörderische Lärm mitten in Verona um die Mittagszeit stattfand, so versammelte die Kunde davon einen Haufen von Bürgern und unter ihnen auch die alten Schloßherren Capulet und Montague mit ihren Frauen; und bald nachher kam auch der Herzog selbst an. Dieser, der mit Mercutio, dem Opfer Tybalts, verwandt war, und der es oft hatte erleben müssen, daß der Friede seiner Regierung durch die Streitigkeiten der beiden feindlichen Häuser gestört ward, war entschlossen, das Gesetz streng wider diejenigen in Ausführung zu bringen, die als Beleidiger überführt würden. Benvolio, der ein Augenzeuge des Kampfes gewesen war, erhielt vom Herzog den Befehl, den Hergang zu berichten. Er tat das, indem er sich so nahe wie möglich an die Wahrheit hielt, ohne Romeo durch seine Aussagen zu belasten; er milderte und entschuldigte den Anteil, den seine Freunde daran genommen hätten. Frau Capulet, deren tiefer Schmerz um den Tod ihres Verwandten Tybalt ihre Rachsucht schrankenlos machte, ermahnte den Herzog, strenges Recht an seinem Mörder zu üben und der Darstellung Benvolios keinerlei Aufmerksamkeit zu schenken, denn er sei ein Freund Romeos und ein Montague und spreche parteiisch. So stritt sie gegen ihren Schwiegersohn, aber sie wußte doch nicht, daß er ihr Schwiegersohn und Julias Gemahl sei. Auf der andern Seite sah man Frau Montague, wie sie für ihres Sohnes Leben stritt und mit einigem Recht geltend machte, daß Romeo nichts Strafwürdiges durch die Tötung Tybalts getan hätte, der dem Gesetz bereits durch den Totschlag Mercutios verfallen gewesen wäre. Der Herzog ließ sich durch die leidenschaftlichen Beteuerungen dieser Frauen nicht rühren, nach sorgfältiger Prüfung der Tatsachen sprach er sein Urteil, welches Romeo aus Verona verbannte.

Das waren schwere Nachrichten für Julia, die erst seit wenigen Stunden ein junges Weib war und nun durch diesen Beschluß für ewig von ihm geschieden heißen mußte. Als die Kunde sie erreichte, ließ sie zuerst ihrer Wut gegen Romeo die Zügel schießen, der ihren teuren Vetter erschlagen hätte; sie nannte ihn einen holdseligen Wüterich, einen engelsgleichen Unhold, eine raubgierige Taube, ein Lamm mit Wolfsgier, ein Schlangenherz von Blumen überdeckt, und mit anderen widerspruchsvollen Namen der Art, welche von den Kämpfen ihres Gemütes zwischen Liebe und Zorn Kunde gaben; aber schließlich gewann die Liebe den Sieg, und die Tränen, welche sie aus Kummer vergoß, daß Romeo ihren Vetter erschlagen hätte, wandelten sich in Freudentränen, daß ihr Gemahl lebte, den Tybalt würde erschlagen haben. Dann kamen neue Tränen, sie flossen alle zusammen aus Kummer um Romeos Verbannung. Das Wort war schrecklicher für sie als der Tod vieler Tybalts.

Romeo hatte sich nach dem Zweikampf in die Zelle des Bruders Lorenzo geflüchtet, wo er zuerst des Fürsten Urteil erfuhr; es schien ihm schrecklicher als der Tod. Ihm schien es keine Welt außerhalb der Mauern Veronas zu geben, kein Leben fern vom Anblick Julias. Wo Julia lebte, war für ihn der Himmel, darüber hinaus war alles Fegefeuer, Qual, Hölle. Der gute Mönch hätte seinem Schmerz gern die Tröstungen der Weisheit gespendet, aber dieser wahnsinnige junge Mann wollte von keinem Trost hören, sondern gleich einem Tollen raufte er sein Haar und warf sich der Länge nach auf den Boden, um, wie er sagte, sein zukünftiges Grab zu messen.

Aus diesem unwürdigen Zustand ward er durch eine Botschaft von seiner teuren Julia emporgerissen. Ein wenig belebte ihn diese wieder, und der Mönch nahm die Gelegenheit wahr, ihm die unmännliche Schwäche, die er gezeigt hätte, vorzuwerfen. Er hätte Tybalt erschlagen, aber wolle er auch sich selber töten und seine teure Julia töten, die nur in ihm lebe? Die edle Mannesbildung sei nur ein Wachsgepräge, wenn sie des Mutes entbehre, der ihm Festigkeit verleihen sollte. Das Gesetz sei milde gegen ihn gewesen, denn statt des Todes, dem er verfallen gewesen, habe es durch des Herzogs Mund nur Verbannung über ihn verhängt. Er habe Tybalt erschlagen, aber Tybalt würde sonst ihn erschlagen haben; darin liege sein Glück. Julia sei am Leben und – über alles Hoffen hinaus – sei sein teures Weib geworden; darin sei er höchst glücklich. Aber alle diese Segnungen (als welche der Mönch sie darstellte) stieß Romeo von sich, gleich einem ungezogenen, übellaunigen Mädchen. Und der Mönch hieß ihn, auf der Hut zu sein, denn solche, die verzweifelten, stürben elend. Dann, als Romeo ein wenig ruhiger geworden war, riet er ihm, in dieser Nacht heimlich von Julia Abschied zu nehmen und von ihr geradenwegs nach Mantua zu eilen; dort sollte er sich aufhalten, bis der Mönch eine passende Gelegenheit fände, seine Vermählung bekannt zu machen, das würde vielleicht ein freudenvolles Mittel werden, ihre Familien zu versöhnen, und alsdann zweifelte er nicht, daß der Herzog sich bewogen fühlen werde, ihm Verzeihung zu gewähren, und er würde mit zwanzigmal so viel Freude zurückkehren, als er jetzt mit Schmerz weggehe. Romeo überzeugte sich von der Weisheit der Ratschläge des Mönches; er nahm Abschied, um seine Julia aufzusuchen. Er wollte die Nacht bei ihr verweilen und bei Tagesanbruch allein seine Reise nach Mantua antreten. Dorthin versprach der gute Mönch ihm von Zeit zu Zeit Briefe zu senden, um ihn über den Stand der Angelegenheiten in der Heimat fortdauernd zu unterrichten.

Diese Nacht verlebte Romeo bei seinem geliebten Weib. Er hatte heimlichen Zugang zu ihrer Kammer gewonnen, von dem Garten aus, in welchem er ihr Liebesgeständnis in der Nacht vorher gehört hatte. Das war eine Nacht ungemischter Lust und Wonne gewesen; aber die Freuden dieser Nacht und das Entzücken, welches die Liebenden miteinander empfanden, wurde getrübt durch die Aussicht auf die bevorstehende Trennung und durch die verhängnisvollen Ereignisse des vergangenen Tages. Die unwillkommene Morgendämmerung schien zu schnell hereinzubrechen, und als Julia den Morgengesang der Lerche hörte, hätte sie sich gern eingeredet, daß es die Nachtigall wäre, die bei Nacht singt; aber es war leider nur zu gewiß die Lerche welche sang, und es schien ihr, eine mißtönende und unliebliche Weise zu sein; und die neidischen Tagesstreifen im Osten deuteten zu bestimmt an, daß es für die Liebenden Zeit wäre zu scheiden. Romeo nahm also mit schwerem Herzen von seinem teuren Weib Abschied, und versprach ihr, von Mantua aus jede Stunde des Tages zu schreiben; und als er von ihrem Fenster heruntergestiegen war und er so unter ihr auf dem Boden stand, erschien er ihrem Auge in dieser trüben und ahnungsvollen Stimmung, worin sie sich befand, wie ein Toter in eines Grabes Tiefe. Romeos Gemüt ahnte gleicherweise Schlimmes; aber nun sah er sich gezwungen, eilig zu scheiden; denn es bedeutete den Tod für ihn, wenn er nach Tagesanbruch innerhalb der Mauern Veronas angetroffen wurde.

Dies war nur der Anfang des tragischen Geschicks dieses Paares, das unter einem unheilvollen Stern stand. Romeo war erst wenige Tage fort, als der alte Schloßherr Capulet Julia eine Heirat vorschlug. Der Gemahl, den er für sie ausgewählt hatte, ohne zu ahnen, daß sie bereits vermählt sei, war Graf Paris, ein feiner, junger und vornehmer Edelmann, ein nicht unwürdiger Bewerber für die junge Julia, wenn – sie niemals Romeo gesehen hätte.

Die erschrockene Julia geriet durch ihres Vaters Vorschlag in große Bestürzung. Sie schützte ihre Jugend vor, die noch nicht reif für die Hochzeit sei, den erst kürzlich erfolgten Tod Tybalts, der ihren Lebensmut zu sehr gebrochen habe, als daß sie einem Gatten mit freudigem Antlitz entgegentreten könne, und wie unziemlich es für das Haus Capulet erscheinen würde, ein Hochzeitsfest zu feiern, wenn kaum sein Leichenbegängnis vorüber sei; sie schützte jeden Grund gegen die Heirat vor, nur nicht den einzig wahren, daß sie bereits vermählt war. Aber ihr Vater war taub gegen ihre Ausreden und befahl ihr mit Entschiedenheit sich bereit zu halten, denn am folgenden Donnerstag sollte sie dem Grafen Paris vermählt sein; und da er für sie einen reichen, jungen und vornehmen Gemahl gefunden habe, den die stolzeste Jungfrau Veronas freudig annehmen würde, so könne er es nicht ertragen, daß sie aus spröder Ziererei (wie er ihre Weigerung nannte) ihrem eigenen Glück Hindernisse bereite.

In dieser äußersten Not wandte sich Julia an den freundlichen Mönch, der immer ihr Berater im Mißgeschick war, und da er sie fragte, ob sie sich entschließen könne, zu einem verzweifelten Mittel zu greifen, und sie antwortete, daß sie bereit sei, sich lebendig ins Grab zu legen, ehe sie Paris heirate, während ihr eigner teurer Gemahl noch lebe, so gab er ihr die Anweisung, nach Hause zu gehen und fröhlich zu erscheinen und, in Übereinstimmung mit dem Wunsch ihres Vaters, die Einwilligung zur Heirat mit Paris zu geben, und in der nächsten Nacht, der Nacht vor der Hochzeit, den Inhalt eines Fläschchens, das er ihr aushändigte, ganz auszutrinken; die Wirkung davon würde sein, daß sie zweiundvierzig Stunden lang nach dem Trunke kalt und leblos erscheinen würde; wenn dann der Bräutigam am Morgen käme, sie abzuholen, würde er sie scheinbar tot finden, dann würde man sie, nach der in diesem Lande herrschenden Sitte, unbedeckt, auf einer Bahre wegtragen, um sie in der Familiengruft beizusetzen; falls sie die weibliche Furcht überwinden und dieser schrecklichen Prüfung sich unterwerfen könnte, würde sie in zweiundvierzig Stunden nach dem Trunk (das sei die zuverlässige Wirkung desselben) sicherlich wie aus einem Traum erwachen; und vor ihrem Erwachen würde er ihren Gemahl von ihrem Plan in Kenntnis setzen, und er sollte in der Nacht kommen und sie von hier nach Mantua bringen. Liebe und Furcht vor der Vermählung mit Paris verliehen der jungen Julia die Kraft, das furchtbare Wagnis zu unternehmen; und sie nahm vom Mönch das Fläschchen, indem sie versprach seinen Weisungen zu folgen.

Auf ihrem Weg vom Kloster begegnete sie dem jungen Grafen Paris und gab ihm in mädchenhafter Verstellung das Versprechen, seine Braut zu werden. Das war eine fröhliche Nachricht für den alten Capulet und seine Gemahlin. Frische Jugend schien den Greis zu beseelen; und Julia, die sich durch die Zurückweisung des Grafen sein höchstes Mißfallen zugezogen hatte, war nun wieder sein Liebling, da sie Gehorsam versprach. Alles im Hause war in geschäftiger Aufregung beim Herannahen der Hochzeit. Keine Kosten wurden gescheut, um Festlichkeiten zu veranstalten, wie Verona sie noch nie vorher gesehen hatte.

In der Mittwochnacht trank Julia den Trank aus. Sie ward von manchen schlimmen Ahnungen gequält, ob nicht der Mönch, um dem Tadel zu entgehen, der ihm wegen ihrer Verheiratung mit Romeo drohte, ihr Gift gegeben habe, aber andererseits war er überall als ein heiliger Mann bekannt; dann wieder, ob sie nicht vor der Zeit erwachen würde, da Romeo kommen solle, um sie zu holen; ob der Schrecken des Ortes, eines Gewölbes voll von Gebeinen toter Capulets, und wo Tybalt, noch ganz blutig, in seinem Leichentuch verwese, nicht hinreichen würde, um sie in Wahnsinn zu stürzen; dann wieder dachte sie an all die Geschichten, die sie von Geistern gehört hatte, die da umgingen, wo ihre Leichname aufgebahrt wären. Aber dann kam ihr wieder der Gedanke an die Liebe zu Romeo und an die Abneigung gegen Paris, und verzweiflungsvoll nahm sie den Trank, und die Sinne schwanden ihr.

Als der junge Paris früh am Morgen mit Musik kam, seine Braut zu wecken, bot ihr Zimmer das traurige Schauspiel eines leblosen Leichnams. Niedergeschmettert lagen alle seine Hoffnungen! Verwirrung herrschte durch das ganze Haus. Der arme Paris – wie er jammerte um seine Braut, um die der fluchwürdige Tod ihn betrogen, die er von ihm geschieden hatte, bevor ihre Hände vereinigt waren. Aber noch mitleidswerter war es, die Trauerklagen des alten Capulet und seiner Gemahlin zu hören: Sie hatten nur dies eine geliebte Kind gehabt, um ihre Freude und ihren Trost daran zu haben, und nun hatte der grausame Tod es vor ihren Augen hinweggerissen, gerade als diese zärtlich besorgten Eltern im Begriff waren, ihre Tochter ihr Glück machen zu sehen (wie sie glaubten), durch eine verheißungsvolle und vorteilhafte Heirat! Nun ward alles, was für das Fest angeordnet war, seiner eigentlichen Bestimmung entfremdet, um zu einem traurigen Leichenbegängnis zu dienen. Die Hochzeitslust ward nun zu einem ernsten

Leichenmahl, die Brautgesänge wurden in Totenmessen verwandelt, das lustige Spiel der Saiten in Grabgeläute, und die Blumen, die auf den Pfad der Braut hätten gestreut werden sollen, dienten jetzt nur dazu, ihren Leichnam zu bestreuen. Jetzt hatte man statt eines Priesters zur Vermählung einen Priester zum Begräbnis nötig; und sie ward in der Tat zur Kirche getragen, nicht um die heiteren Hoffnungen der Lebenden zu vermehren, sondern um die traurige Zahl der Toten zu erhöhen.

Schlimme Gerüchte, die immer schneller reisen als gute, brachten nun die unselige Kunde vom Tod seiner Julia an Romeo nach Mantua, ehe der Bote ankommen konnte, den Bruder Lorenzo abgeschickt hatte, um ihm Nachricht zu geben, daß dies bloß ein Scheinbegräbnis wäre, nur Schatten und Nachahmung des Todes, und daß seine teure Gattin nur für eine kurze Zeit im Grabgewölbe läge, harrend, daß Romeo käme, sie aus ihrer düsteren Kammer zu erlösen. Eben vorher war Romeo ungewöhnlich heiter und hoffnungsfroh gewesen. Ihm hatte in der Nacht geträumt, daß er tot wäre (ein sonderbarer Traum, der einem Toten noch gestattete zu denken), und daß seine Julia käme und ihn tot fände und ihm mit Küssen solches Leben auf seine Lippen hauchte, daß er wieder lebendig würde und ein Kaiser wäre. Und nun, da ein Bote von Verona kam, dachte er sicher, er käme, um Bestätigung der guten Nachrichten, die sein Traum geweissagt hätte, zu überbringen. Aber als das Gegenteil von dieser schmeichelnden Traumerscheinung zu Tage trat, und daß in Wahrheit seine Gattin gestorben wäre, die er nicht durch Küsse wieder beleben könnte, da gab er Befehl, Pferde bereit zu halten, denn er beschloß, diese Nacht Verona zu besuchen und seine Julia in ihrem Grabgewölbe zu sehen. Und wie sich in die Gedanken verzweifelter Menschen leicht Unheil mischt, fiel ihm ein armer Apotheker ein, an dessen Laden in Mantua er kürzlich vorbeigekommen war; und wegen des bettlerhaften Aussehens des Mannes, der fast verhungert schien, und wegen des elenden

Prunkes von leeren Büchsen, die in seinem Laden auf schmutzigen Simsen gereiht waren, und anderer Zeichen äußerster Armut, hatte er damals gesagt (vielleicht weil er schlimme Ahnungen hatte, daß sein eigenes unheilvolles Leben möglicherweise einen so verzweifelten Abschluß nehmen könnte): „Wenn ein Mann Gift nötig hätte, das nach dem Gesetz von Mantua bei Todesstrafe nicht verkauft werden darf, hier lebt ein armer Schelm, der es ihm verkaufen würde." Diese seine Worte fielen ihm jetzt ein, und er suchte den Apotheker auf. Er bot ihm Gold, welchem seine Armut nicht widerstehen konnte, und nach einigen vorgeschützten Bedenken verkaufte der Apotheker ihm ein Gift, das, wenn er es verschluckte, ihn schnell befördern würde, und wenn er auch die Stärke von zwanzig Männern besäße.

Mit diesem Gift eilte er nach Verona, um noch einmal seine geliebte Julia in ihrem Grab zu sehen; wenn er seinem Verlangen genügt hätte, wollte er das Gift trinken und an ihrer Seite begraben werden. Er erreichte Verona um Mitternacht und fand den Kirchhof, in dessen Mitte das alte Grabmal der Capulets lag. Er hatte für eine Fackel, für einen Spaten und ein Brecheisen gesorgt und war eben im Begriff das Gewölbe zu erbrechen, als ihn jemand anrief, der, ihn „elender Montague" nennend, ihn von seinem verruchten Werk abstehen hieß. Es war der junge Graf Paris, der an Julias Grab zu dieser unzeitigen nächtlichen Stunde gekommen war, um Blumen zu streuen und an der Gruft derjenigen zu weinen, die sein junges Weib hätte werden sollen. Er wußte nicht, was Romeo die Tote anginge, aber da er in ihm einen Montague erkannte und (wie er annahm) einen geschworenen Feind aller Capulets, so dachte er sich, daß er bei Nachtzeit gekommen wäre, um den Leichen einen niederträchtigen Schimpf anzutun. In zornigem Ton hieß er ihn also ablassen von seinem Werk; und er würde ihn als einen Verbrecher verhaftet haben, der durch die Gesetze Veronas zum Tode verurteilt wäre, wenn man ihn innerhalb der Mauern der Stadt träfe. Romeo beschwor Paris, ihn zu lassen, und warnte ihn bei dem Schicksal Tybalts, der hier begraben läge, seinen Zorn nicht zu reizen und nicht noch eine Sünde auf sein Haupt zu laden, in dem er ihn zwänge, ihn zu töten. Aber höhnisch wies der Graf seine Warnung zurück und legte Hand an ihn als einen todeswürdigen Verbrecher, und da Romeo sich widersetzte, so fochten sie, und Paris fiel. Als es Romeo mit Hilfe einer Fackel gelang zu erkennen, wer der Erschlagene sei, der (wie er auf dem Weg von Mantua erfahren hatte) Julia hätte heiraten sollen, nahm er den toten Jüngling bei der Hand als einen, den das Unglück zu seinem Gefährten gemacht hätte, und sagte, daß er ihn begraben wolle in einer siegprangenden Gruft. Er meinte damit Julias Grab, das er jetzt öffnete. Und da lag seine geliebte Gattin, als eine, über welche der Tod keine Macht gehabt hätte, auch nur einen Zug oder die Gesichtsfarbe in ihrer unvergleichlichen Schönheit zu ändern, oder als wenn der Tod für sie in Liebe entbrannt wäre und als wenn der hagere verhaßte Unhold sie hier zu seinem Entzücken hielte. Denn sie lag noch so frisch und blühend da, wie sie in Schlaf gesunken war, nachdem sie den starr und kalt machenden Trank zu sich genommen. Und ihr nahe lag Tybalt in seinem blutigen Leichentuch. Als ihn Romeo sah, bat er den Toten um Verzeihung, und um Julias willen nannte er ihn Vetter und sagte, daß er im Begriff sei, ihm eine Gunst zu erweisen, indem er seinen Feind dem Tod weihe. Jetzt nahm Romeo den letzten Abschied von den Lippen seiner Geliebten, indem er sie küßte, und nun schüttelte er die Bürde seines widrigen Geschicks von seinem müden Leib; er trank das Gift, daß der Apotheker ihm verkauft hatte. Die Wirkung war tödlich, in Wahrheit tödlich, nicht gleich der des Scheingiftes, das Julia getrunken hatte. Bei dieser war die Kraft des genossenen Trankes bereits im Erlöschen; sie mußte bald erwachen und dann mußte sich entscheiden, ob sie zu beklagen hätte, daß Romeo seine Zeit nicht eingehalten, oder daß er zu früh gekommen wäre.

Denn jetzt war die Stunde gekommen, für welche der Mönch ihr Erwachen in Aussicht gestellt hatte; und da er erfahren hatte, daß der Brief, den er nach Mantua gesandt habe, infolge einer unglücklichen Verzögerung des Boten nie an Romeo gelangt sei, so kam er selbst, mit Spitzhacke und Leuchte versehen, um Julia aus ihrer Haft zu befreien; aber er war überrascht, im Grabmal der Capulets bereits eine Fackel brennen und nahe derselben Schwerter und Blut und Romeo und Paris entseelt liegen zu sehen.

Bevor er eine Vermutung hegen konnte, wie diese verhängnisvollen Ereignisse sich zugetragen hätten, erwachte Julia aus ihrer Erstarrung, und da sie den Mönch in der Nähe sah, erinnerte sie sich des Ortes, an dem sie sich befände und weshalb sie hier wäre, und fragte nach Romeo; aber der Mönch, der ein Geräusch hörte, hieß sie die Stätte des Todes und des unnatürlichen Schlafes verlassen, denn eine Macht, zu hoch dem Widerspruch, hätte ihre Pläne durchkreuzt. Und erschreckt durch den Lärm des näher kommenden Volkes entfloh er. Aber als Julia das Fläschchen von den Händen ihres treuen Geliebten eng umklammert sah, ahnte sie, daß Gift die Ursache seines Endes gewesen sei, und sie würde die Tropfen geschlürft haben, wenn deren übrig gelassen wären, und sie küßte seine noch warmen Lippen, um zu versuchen, ob noch irgendwelches Gift an ihnen hinge. Dann aber, da sie den Lärm des Volkes näher kommen hörte, riß sie schnell Romeos Dolch aus der Scheide, und sich damit durchbohrend, starb sie an des Geliebten Seite.*

Mittlerweile war die Wache an dem Ort angelangt. Ein Diener des Grafen Paris, der Zeuge des Kampfes zwischen seinem Herrn und Romeo gewesen war, hatte den Lärmruf erhoben. Dieser verbreitete sich unter den Bürgern, die in wilder Verwirrung auf und nieder durch die Straßen von Verona rannten und, wie das Gerücht nur unvollkommen zu ihnen gedrungen war, laut ausriefen: „Paris! Romeo! Julia!“ Endlich schreckte dieser Aufruhr den alten Montague und den alten Capulet aus

* Im Original steht: Einen Dolch, den sie trug – aber das ist widersinnig, und es widerspricht Shakespeare. (Anm. d. Übersetzers)

ihren Betten auf, ebenso den Herzog, um die Ursache des Lärms zu untersuchen. Der Mönch war von einigen wachhabenden Leuten ergriffen worden, wie er zitternd, weinend und ächzend vom Kirchhof kam. Eine große Menschenmenge war beim Grabdenkmal der Capulets versammelt; der Herzog befahl dem Mönch anzugeben, was er von diesen wunderbaren und unheilvollen Ereignissen wüßte.

Und hier, in Gegenwart der alten Familienhäupter Montague und Capulet, erzählte er treulich die Geschichte von der verhängnisvollen Liebe ihrer Kinder, den Anteil, den er an ihrer Vermählung genommen hätte, in der Hoffnung, durch diese Verbindung den langen Hader zwischen ihren Familien zu beenden; wie Romeo, der tot hier liege, Julias Gatte, und Julia, die tot hier liege, Romeos treues Weib gewesen sei; wie, bevor er eine passende Gelegenheit hätte finden können, um ihre Vermählung bekannt zu machen, eine andere Heirat für Julia beabsichtigt wäre, die, um dem Verbrechen einer zweiten Ehe zu entgehen, den Schlaftrunk nach seinem Rate zu sich genommen, so daß alle sie für tot gehalten hätten; wie er inzwischen an Romeo geschrieben, er möge kommen und sie von hinnen führen, sobald die Kraft des Trankes erlösche, und infolge welches unseligen Mißgeschickes des Boten der Brief Romeo verfehlt hätte. Weiter konnte der Mönch die Geschichte nicht fortsetzen, noch wußte er mehr, als daß er, selber kommend, um Julia aus dieser Stätte des Todes zu befreien, den Grafen Paris und Romeo erschlagen gefunden hätte. Der Schluß der Erzählung ward durch den Bericht von Paris' Diener ergänzt, der seinen Herrn und Romeo im Zweikampf gesehen hatte, und durch den Diener, der mit Romeo nach Mantua geflüchtet war. Diesem hatte der treue Mann einen Brief übergeben, den er seinem Vater, falls er stürbe, aushändigen sollte. Das Schreiben bestätigte die Worte des Mönches, denn Romeo bekannte darin seine Vermählung mit Julia, flehte um die Vergebung seiner Eltern, erwähnte den Ankauf des Giftes von einem armen Apotheker und sprach die Absicht aus, nach seiner Ankunft beim Grabgewölbe zu sterben und neben Julia zu liegen. Alle diese Umstände, die unter sich übereinstimmten, reinigten den Mönch vom Verdacht, an diesen unklaren mörderischen Vorfällen weiter beteiligt zu sein, als daß sie die unbeabsichtigten Folgen seiner eigenen wohlgemeinten, aber zu künstlich und fein angelegten Pläne wären.

Und der Herzog wandte sich an die greisen Familienhäupter Montague und Capulet und tadelte sie wegen ihrer wilden und unvernünftigen Feindschaft und zeigte ihnen, welchen Fluch der Himmel auf solche Ärgernisse legte, daß er Mittel gefunden hätte, selbst durch die Liebe ihrer Kinder ihren unnatürlichen Haß zu strafen. Und diese beiden alten Gegner, jetzt nicht mehr Feinde, willigten ein, ihren langen Hader in ihrer Kinder Gruft zu begraben; und der alte Capulet bat Montague, ihm seine Hand zu geben, indem er ihn Bruder nannte, gleichsam in Anerkennung der Verbindung ihrer Häuser durch die Vermählung Romeos mit Julia. Und er sagte, daß Montagues Hand, ihm zum Zeichen der Versöhnung gereicht, alles sei, was er zum Leibgeding seiner Tochter verlange; aber Montague erwiderte, er wolle ihm mehr geben, denn er wollte ihr eine Bildsäule von reinem Gold errichten, daß, solange die Stadt Verona ihren Namen trage, kein Standbild wegen seiner Kostbarkeit und Kunstvollendung so geschätzt sein solle, wie das der treuen, liebevollen Julia, und Capulet sagte wiederum, daß er ein anderes Standbild für Romeo errichten wolle. So wetteiferten diese armen alten Herren, als es zu spät war, sich gegenseitig in Freundlichkeit zu überbieten, während ihre wütende Feindschaft in vergangenen Zeiten so tödlich gewesen war, daß nichts als der furchtbare Untergang ihrer Kinder (dieser armen Opfer ihres Haders und ihrer Zwistigkeiten) den eingewurzelten Haß und die grimmige Eifersucht der beiden Adelsfamilien beseitigen konnte.

Ein Wintermärchen

Leontes, König von Sizilien, und seine Gemahlin, die schöne und tugendhafte Hermione, lebten in der größten Eintracht miteinander. So glücklich fühlte sich Leontes durch die Liebe seines herrlichen Weibes, daß er ein seliges Genügen empfand, nur daß er bisweilen den Wunsch hegte, seinen Jugendgefährten und Schulfreund Polyxenes, den König von Böhmen, wiederzusehen und seiner Gemahlin vorzuführen. Leontes und Polyxenes waren seit ihrer frühesten Kindheit zusammen aufgewachsen, aber da sie durch den Tod ihrer Väter jeder auf den Thron seines Königreichs berufen waren, so hatten sie sich seit vielen Jahren nicht gesehen, obgleich sie häufig Briefe, Gaben und liebevolle Botschaften miteinander austauschten.

Endlich, nach wiederholten Einladungen, kam Polyxenes von Böhmen an den sizilianischen Hof, um seinem Freund Leontes einen Besuch zu machen.

Zuerst gewährte dieser Besuch Leontes nur Vergnügen. Er empfahl den Freund seiner Jugend der besonderen Aufmerksamkeit der Königin, und in der Gegenwart seines teuren Freundes und alten Gefährten schien sein Glück durchaus vollständig zu sein. Sie sprachen über vergangene Zeiten, erinnerten sich ihrer Schultage und jugendlichen Streiche und erzählten sie Hermione, die immer an diesen Unterhaltungen fröhlich teilnahm.

Als nach einem langen Aufenthalt Polyxenes seine Vorbereitungen zur Abreise traf, vereinigte Hermione auf den Wunsch ihres Gemahls ihre Bitten mit den seinigen, daß Polyxenes seinen Aufenthalt noch verlängern möchte.

Und nun begann die Leidenszeit dieser guten Königin. Denn da Polyxenes den Bitten des Leontes, länger zu verweilen, seine Weigerung entgegengesetzt hatte, ließ er sich durch Hermiones artige und gewinnende Worte überreden, seine Abreise noch auf einige Wochen hinauszuschieben. Infolgedessen war Leontes, obwohl er solange die Rechtschaffenheit und die ehrenhaften Grundsätze seines Freundes Polyxenes gekannt hatte, wie nicht minder die herrlichen Eigenschaften seiner tugendhaften Gemahlin, dennoch von einer unbezähmbaren Eifersucht ergriffen. Jede Aufmerksamkeit, die Hermione dem König Polyxenes erwies – und wenn es auch auf den besonderen Wunsch ihres Gemahls geschah und bloß um ihm zu gefallen –, vermehrte die Eifersucht des unglücklichen Königs; und aus einem liebevollen und treuen Freund und dem besten und zärtlichsten Gemahl ward Leontes plötzlich ein wildes und unmenschliches Ungeheuer. Er sandte zu Camillo, einem seiner Hofleute, erzählte ihm von dem Argwohn, den er nährte, und befahl ihm, Polyxenes zu vergiften.

Camillo war ein redlicher Mann, und da er zur Genüge wußte, daß Leontes' Eifersucht nicht die geringste Begründung hätte, machte er, anstatt Polyxenes zu vergiften, ihn mit den Befehlen seines Herrn, des Königs, bekannt und verabredete mit ihm, daß sie zusammen aus dem sizilianischen Reich entfliehen wollten. Und Polyxenes langte mit Camillos Beistand wohlbehalten in seinem eigenen Königreich Böhmen an; Camillo lebte seitdem an des Königs Hof und ward der vorzüglichste Freund und Günstling des Polyxenes.

Diese Flucht versetzte den eifersüchtigen Leontes in noch größere Wut. Er stürmte in die Zimmer der Königin, wo die gute Frau mit ihrem kleinen Sohn Mamillus verweilte. Dieser war eben im Begriff, eine seiner besten Geschichten zu erzählen, um seine Mutter zu erheitern, als der König eintrat, ihr das Kind wegnahm und Hermione ins Gefängnis werfen ließ.

Mamillus war noch ein sehr kleiner Knabe, aber er liebte seine Mutter zärtlich, und als er sie so schmählich behandelt sah, und hörte, daß sie von seiner Seite weggerissen sei, um ins Gefängnis gesetzt zu werden, nahm er sich die Sache tief zu Herzen, verlor die Lust zum Essen und den Schlaf und welkte und siechte langsam hin, bis man deutlich sah, sein Kummer ihn töten würde.

Als der König seine Gemahlin ins Gefängnis geworfen hatte, befahl er Cleomenes und Dion, zwei sizilianische Edelleute, nach Delphi zu reisen, um dort das Orakel im Tempel des Apollo zu fragen, ob sein Weib ihm die Treue gebrochen habe.

Als Hermione eine kurze Zeit im Gefängnis zugebracht hatte, ward sie von einer Tochter entbunden; und die arme Mutter erfuhr manchen Trost durch den Anblick ihres niedlichen Kindes, und sie sagte zu dem Säugling: „Arme kleine Gefangene, ich bin ebenso unschuldig wie du."

Hermione hatte eine hingebungsvolle Freundin an der hochherzigen Paulina, der Gemahlin des Antigonus, eines sizilianischen Edelmannes; und als Paulina hörte, daß ihre königliche Herrin entbunden sei, eilte sie in das Gefängnis, das Hermione einschloß; und sie sagte zu Emilia, der Kammerfrau der Königin: „Ich bitte Euch, Emilia, sagt der guten Königin, daß, wenn Ihre Majestät mir den kleinen Säugling anvertrauen wolle, ich ihn dem König, seinem Vater, zu bringen bereit sei; wir können nicht wissen, ob er nicht beim Anblick dieses unschuldigen Kindes weicher und sanfter wird." „Würdigste Frau," gab Emilia zur Antwort, „ich will die Königin von Eurem edlen Anerbieten in Kenntnis setzen; sie wünschte gerade heute, daß sie eine Freundin besitzen möchte, die den Mut hätte, das Kind dem König zu zeigen." „Und erzählt ihr," sagte Paulina, „daß ich kühn ihre Sache vor Leontes führen werde." „Seid für immer gesegnet," sagte Emilia, „für Eure Güte gegen unsere gnädige Königin." Emilia eilte dann zu Hermione, die freudig ihr kleines Kind der Sorge Paulinas anvertraute, denn sie hatte gefürchtet, daß niemand es wagen würde, das Kind seinem Vater zu zeigen.

Paulina nahm das neugeborene Kind und erzwang den Zutritt zum König, obgleich ihr Gemahl, den königlichen Zorn fürchtend, sich eifrig bemühte sie zu hindern; sie legte das Kind seinem Vater zu Füßen und sprach mit edlem Mut vor dem König zu Gunsten Hermiones, und sie tadelte ihn streng wegen seiner Unmenschlichkeit und beschwor ihn, an seinem unschuldigen Weib und Kind Barmherzigkeit zu üben. Aber Paulinas mutige Vorstellungen hatten nur die Wirkung, Leontes' Unwillen zu erhöhen, und er befahl ihrem Gatten Antigonus, sie aus seinen Augen zu entfernen.

Paulina ließ bei ihrem Weggang das kleine Kind zu den Füßen seines Vaters, denn sie dachte, daß, wenn es allein mit ihm wäre, er es beachten und mit seiner hilflosen Unschuld Mitleid haben würde.

Aber die gute Paulina irrte sich sehr, denn kaum war sie gegangen, als der erbarmungslose Vater dem Antigonus, Paulinas Gemahl, den Befehl erteilte, das Kind zu nehmen und an die See zu bringen und an irgendeiner wüsten Küste auszusetzen.

Antigonus, unähnlich dem wackeren Camillo, gehorchte Leontes' Befehlen nur zu pünktlich, denn sofort brachte er das Kind zum Schiff und stach in See, um an der ersten öden Küste, die er finden konnte, das arme Geschöpf zu verlassen.

So fest war der König von Hermiones Schuld überzeugt, daß er die Rückkehr des Cleomenes und des Dion, die er ausgesandt hatte, um das Orakel des Apollo in Delphi zu befragen, nicht erst abwarten zu müssen glaubte; sondern ehe sich die Königin von ihrem Wochenbett und von ihrem Kummer um den Verlust ihres reizenden kleinen Kindes erholt hatte, ließ er sie zu einer öffentlichen Untersuchung vor alle Herren und Edlen seines Hofes stellen. Und als alle Grafen seines Hofes, die Richter und der ganze Adel des Landes versammelt waren, um über Hermione Gericht zu halten, und die unglückliche Königin als Gefangene vor ihren Untertanen stand, um ihr Urteil zu empfangen, da traten Cleomenes und Dion in die Versammlung ein und überreichten dem König versiegelt die Antwort des Orakels; und Leontes befahl, das Siegel zu erbrechen und die Worte des Orakels laut zu verlesen, und dies waren die Worte: „Hermione ist unschuldig, Polyxenes tadellos, Camillo ein treuer Untertan, Leontes ein eifersüchtiger Tyrann, und der König wird ohne Erben leben, wenn das, was verloren ist, nicht wieder gefunden wird.“ Der König wollte den Worten des Orakels nicht glauben; er sagte, das wäre eine Lüge, welche die Freunde der Königin erfunden hätten, und er verlangte von den Richtern, sie sollten in der Untersuchung gegen die Königin fortfahren. Aber während Leontes noch sprach, trat ein Mann herein und erzählte ihm, daß der Prinz Mamillus, bei der Nachricht von der peinlichen Anklage seiner Mutter, von Kummer und Scham bis ins Herz getroffen und plötzlich gestorben sei.

Auf diese Kunde vom Tod ihres heiß geliebten Kindes, das der Schmerz über ihr Schicksal niedergestreckt hatte, fiel Hermione in Ohnmacht; und Leontes, den jene Nachricht wie ein Dolchstoß traf, begann für seine bedauernswerte Gemahlin Mitleid zu fühlen, und er befahl Paulina und den Damen ihres Gefolges, sie hinwegzutragen und für ihre Wiederbelebung alle Mittel anzuwenden. Paulina kehrte bald zurück und meldete dem König, daß Hermione verschieden wäre.

Als Leontes das vernahm, bereute er seine Grausamkeit gegen sie; und jetzt, da er annehmen mußte, daß seine Mißhandlung Hermione das Herz gebrochen habe, glaubte er sie unschuldig. Und jetzt hielt er die Worte des Orakels für wahr, insofern schon eines sich bestätigt hatte, denn, „wenn das, was verloren sei, nicht wiedergefunden würde“, welche Worte sich offenbar auf seine junge Tochter bezogen, so würde er ja ohne einen Erben sein, weil der junge Prinz Mamillus gestorben war. Und er würde sein Königreich nun hingegeben haben, um seine verlorene Tochter wiederzuerlangen. So gab er sich willenlos seinen Gewissensbissen hin und verbrachte manches Jahr in traurigen Gedanken und reuevollem Kummer.

Das Schiff, in welchem Antigonus die kleine Prinzessin in die See gefahren hatte, ward durch einen Sturm an die Küste Böhmens, das eben das Königreich des guten Königs Polyxenes war, verschlagen.* Hier landete Antigonus, und hier setzte er das kleine Kind aus.

Antigonus aber kehrte nie nach Sizilien zurück, um Leontes zu erzählen, wo er seine Tochter gelassen hätte; denn als er zu dem Schiff zurückkehrte, brach ein Bär aus dem Wald und zerriß ihn in Stücke. Das war eine gerechte Strafe für ihn, weil er dem verruchten Befehl des Leontes gehorcht hatte.

Das Kind war in reiche Kleider, die mit Juwelen besetzt waren, gehüllt; denn Hermione hatte es schön geschmückt, als sie es Leontes sandte. Und Antigonus hatte an seine Gewandung ein Papier gesteckt, worauf der Name „Perdita"** geschrieben stand und einige Worte, welche dunkel auf seine hohe Geburt und sein widriges Geschick hindeuteten.

Dies arme verlassene Geschöpf ward von einem Schäfer gefunden. Dieser Mann fühlte menschlich und brachte die kleine Perdita nach Hause zu seinem Weib, das sie zärtlich hegte und pflegte. Aber durch Armut ward der Schäfer in Versuchung gebracht, den reichen Lohn, den er gefunden hatte, zu verheimlichen. Deswegen verließ er diese Gegend, damit niemand erführe, woher er seine Reichtümer gewonnen hätte, und mit einem Teil von Perditas Juwelen kaufte er Schafherden und ward ein vermögender Schäfer. Er erzog Perdita als sein eigenes Kind, und sie wußte nicht, daß sie etwas anderes wäre als eines Schäfers Tochter.

Die kleine Perdita wuchs heran zu einem lieblichen Mädchen; und obgleich sie keiner besseren Erziehung teilhaftig ward als wie sie bei einer Schäferstochter gewöhnlich ist, so trat doch die natürliche Anmut, die ein

* Natürlich hat Shakespeare, bei welchem sich diese abenteuerliche Angabe findet, sehr gut gewußt, daß Böhmen als Binnenland keine Seeküste hat. Aber da er in seiner Quelle, einer Erzählung von Robert Greene (1588), diesen lustigen geographischen Irrtum vorfand, so hat er ihn in übermütiger Stimmung, zumal bei dem märchenhaften Zuschnitt des Stoffes, verewigt. (Anm. d. Übersetzers)

** Perdita, d. h. die Verlorene. (Anm. d. Übersetzers)

Erbteil ihrer königlichen Mutter war, in ihrem urwüchsigen Wesen so leuchtend hervor, daß niemand an ihrem Benehmen hätte merken können, daß sie nicht am Hof ihres Vaters erzogen wäre.

Polyxenes, der König von Böhmen, hatte einen einzigen Sohn, namens Florizel. Als dieser junge Prinz einst in der Nähe der Wohnung des Schäfers jagte, sah er des alten Mannes vermeintliche Tochter; und Perditas Schönheit, Bescheidenheit und königlicher Anstand bewirkten sogleich, daß er von Liebe zu ihr ergriffen ward. Er wurde bald, unter dem Namen Dorikles, ein ständiger Gast im Hause des alten Schäfers.

Florizels häufige Abwesenheit vom Hof beunruhigte Polyxenes, und indem er Leute zur Überwachung seines Sohnes anstellte, entdeckte er seine Liebe zur schönen Schäferstochter.

Da rief Polyxenes Camillo zu sich, den treuen Camillo, der sein Leben vor der sinnlosen Wut des Leontes geschützt hatte, und er forderte ihn auf, ihn zu dem Haus des Schäfers, des vermeintlichen Vaters Perditas zu begleiten.

Polyxenes und Camillo, beide verkleidet, trafen bei der Wohnung des alten Schäfers ein, als sie gerade das Fest der Schafschur feierten; und obgleich sie Fremde waren, so ward doch bei der Schafschur jeder Gast willkommen geheißen. Sie wurden eingeladen hereinzukommen und an der allgemeinen Festlichkeit teilzunehmen.

Nur Lust und Fröhlichkeit war hier zu schauen. Tische waren gedeckt, und große Vorbereitungen waren im Gange für das ländliche Fest. Einige Burschen und Dirnen tanzten auf dem Rasen vor dem Hause, während andere junge Leute Bänder, Handschuhe und ähnlichen Tand von einem an der Tür stehenden Krämer kauften. Während dieses geschäftige Schauspiel sich entwickelte, saßen Florizel und Perdita ruhig in einem stillen Winkel; sie fanden dem Anschein nach mehr Gefallen an der Unterhaltung miteinander, als daß sie Verlangen getragen hätten, an den

Belustigungen und törichten Vergnügungen derjenigen, die sie umgaben, teilzunehmen.

Der König war so verkleidet, daß sein Sohn ihn unmöglich erkennen konnte; er trat deshalb nahe genug heran, um die Unterhaltung zu hören. Die einfache, doch anmutige Weise, in welcher Perdita mit seinem Sohn verkehrte, überraschte Polyxenes nicht wenig; er sagte zu Camillo: „Dies ist das schmuckste Hirtenkind, das ich jemals sah; nichts tut noch spricht sie, das nicht nach Größerem aussieht, als sie ist, zu hoch für diesen Platz."

Camillo erwiderte: „In der Tat, sie ist die echte Königin von Milch und Rahm."

„Bitte, mein lieber Freund," sagte der König zum alten Schäfer, „wer ist der hübsche Bursche, der dort mit Eurer Tochter spricht." „Die Leute nennen ihn Dorikles," entgegnete der Schäfer, „er sagt, daß er meine Tochter liebt, und wenn ich die Wahrheit sagen soll, am Küssen ist nicht zu entscheiden, wer den anderen am meisten liebt. Wenn der junge Dorikles sie noch bekommt, so wird sie ihm etwas mitbringen, wovon er sich wenig träumen läßt." Er meinte damit die Juwelen Perditas, die noch vorhanden waren; nachdem er mit einem Teil derselben Schafherden gekauft hatte, sollte der Rest, sorgfältig zurückgelegt, ihren Brautschatz bilden.

Polyxenes wandte sich hierauf an seinen Sohn. „Nun, junger Mann," sprach er, „Euer Herz scheint voll von etwas, das Euch vom Fest den Sinn ablenkt. Als ich jung war, da pflegte ich meine Liebste mit Geschenken zu überhäufen; aber Ihr habt den Krämer gehen lassen, ohne für Euer Mädchen Schmucksachen zu kaufen."

Der junge Fürst, der nicht entfernt dachte, daß er mit seinem königlichen Vater spräche, erwiderte: „Alter Herr, sie achtet nicht auf solchen Tand. Geschenke, welche Perdita von mir erhofft, sind im Verschluß von meinem Herzen." Dann wandte er sich an Perdita und sagte: „O höre mich, Perdita, in Gegenwart dieses edlen Greises, der, wie es scheint, auch einst warm geliebt hat; er soll mein Bekenntnis hören." Florizel rief alsdann den ehrwürdigen Alten auf, sein Zeuge für ein

Eheversprechen zu sein, welches er Perdita mache, und sagte zu Polyxenes: „Ich bitte Euch, merkt wohl unser Verlöbnis."

„Merkt wohl Eure Scheidung, junger Herr", sagte der König, indem er sich zu erkennen gab. Dann warf Polyxenes seinem Sohn vor, daß er gewagt hätte sich zu verloben mit diesem niedrig geborenen Mädchen; er nannte Perdita „Schäferbrut", „Hirtenstab, der sich etwas angeln wolle" und mit anderen Schimpfnamen; und er drohte, wenn sie je wieder seinem Sohn erlaubte sie zu sehen, so würde er sie und den alten Schäfer, ihren Vater, einem grausamen Tod überliefern.

Der König verließ sie darauf in großem Zorn und befahl Camillo, ihm mit dem Prinzen Florizel zu folgen.

Als der König weggegangen war, rief Perdita, deren königliche Natur durch Polyxenes' Vorwürfe gereizt worden war: „Obgleich wir alle verloren sind, war ich doch nicht sehr erschrocken; und ein- oder zweimal wollte ich schon reden und ihm offen sagen, daß dieselbe Sonne, die auf seinen Palast scheine, ihr Antlitz nicht vor unsrer Hütte verberge, sondern auf beide gleich leuchte." Dann sagte sie schmerzlich: „Aber nun bin ich erwacht aus diesem Traum, ich will nicht weiter Königin spielen; verlaßt mich, Herr; ich will gehen, meine Schafe zu melken, und weinen."

Der gutherzige Camillo war von dem Geist und dem Anstand und Perditas Benehmen entzückt; und da er begriff, daß des jungen Fürsten Liebe zu innig wäre, um seine Braut auf den Befehl seines königlichen Vaters aufzugeben, so sann er auf Mittel und Wege, um für die Liebenden als Freund zu sorgen und zugleich einen lockenden Gedanken seines Herzens auszuführen.

Camillo wußte längst, daß Leontes, der König von Sizilien, ernstlich bereue; und obwohl er jetzt der begünstigte Freund des Königs Polyxenes war, konnte er doch nicht den Wunsch unterdrücken, noch einmal seinen vorherigen königlichen Herrn und seine Heimat zu sehen. Er schlug deshalb Florizel und Perdita vor, daß sie ihn an den sizilianischen Hof begleiten möchten; er bürge dafür, daß Leontes sie beschützen würde, bis sie durch seine Vermittlung Verzeihung von Polyxenes und die Einwilligung zu ihrer Heirat erlangten.

Diesem Vorschlag stimmten sie freudig zu; und Camillo, der alles auf ihre Flucht Bezügliche leitete, erlaubte dem alten Schäfer, mit ihnen zu gehen.

Der Schäfer nahm alles, was von Perditas Juwelen noch übrig war, mit sich, ebenso ihre Kinderkleider und das Papier, welches damals, als er sie gefunden hatte, an ihren Mantel gesteckt war.

Nach einer glücklichen Reise langten Florizel und Perdita, Camillo und der alte Schäfer wohlbehalten an Leontes' Hof an. Leontes, der noch immer um seine verstorbene Hermione und um sein verlorenes Kind trauerte, empfing Camillo mit großer Güte und bot dem Fürsten Florizel ein herzliches Willkommen. Aber Perdita, die Florizel als seine Braut einführte, schien des Königs Aufmerksamkeit mächtig in Anspruch zu nehmen, da er eine Ähnlichkeit zwischen ihr und seiner verstorbenen Gemahlin Hermione bemerkte. So brach sein Schmerz von neuem wieder aus, und er meinte, daß seine eigene Tochter, wenn er sie nicht so grausam beseitigt hätte, wohl ein ebenso liebliches Wesen geworden wäre. „Und dann noch außerdem," sprach er zu Florizel, „habe ich den Umgang und die Freundschaft Eures trefflichen Vaters verloren, den ich jetzt über alles gern noch einmal wiedersähe."

Als der alte Schäfer hörte, wie sehr der König Perdita beachtete, und daß er eine Tochter verloren hätte, die in ihrer Kindheit ausgesetzt wäre, kam er auf den Gedanken, die Stunde, zu welcher die kleine Perdita gefunden war, mit der Zeit ihrer Aussetzung zu vergleichen, den Juwelen und anderen Zeichen ihrer hohen Geburt, und aus allem diesem mußte er notwendig den Schluß ziehen, daß Perdita niemand anders wäre als des Königs verlorene Tochter.

Florizel und Perdita, Camillo und die treue Paulina waren zugegen, als der alte Schäfer dem König berichtete, wie er das Kind gefunden hätte, ebenso die Umstände von Antigonus' Tod, da er selbst den Bär sich auf ihn hatte stürzen sehen. Er zeigte den reichen Mantel, in welchen, wie sich Paulina erinnerte, Hermione das Kind gehüllt hatte; und er wies ein Juwel vor, von dem sie sich entsann, daß Hermione es um Perditas Hals gehängt hatte, und er überreichte das Papier, auf welchem Paulina die Handschrift ihres Gatten erkannte. Es konnte nicht mehr zweifelhaft sein, daß Perdita Leontes' eigene Tochter wäre; aber wer beschreibt nun in Paulinas edler Seele den Kampf zwischen dem Schmerz um ihres Gatten Tod und der Freude, daß das Orakel in Erfüllung gegangen wäre, da man des Königs Erbin, seine lang verlorene Tochter, wiedergefunden hatte! Als Leontes hörte, daß Perdita seine Tochter wäre, ließ der große Schmerz, daß Hermione nicht mehr am Leben sei, um ihr Kind schauen zu können, ihn lange Zeit nichts anderes über seine Lippen bringen, als: „O deine Mutter, deine Mutter!"

Paulina unterbrach dieses freudige aber doch zugleich jammervolle Schauspiel, indem sie Leontes sagte, sie sei im Besitz einer Bildsäule, die erst kürzlich der seltene italienische Meister Julio Romano* vollendet hätte; diese wäre von so vollkommener Ähnlichkeit mit der Königin, daß, wenn es Sr. Majestät gefiele, in ihr Haus zu kommen und das Bild zu sehen, er in Versuchung kommen würde, zu glauben, daß es Hermione selber sei. Dorthin gingen sie denn alle: Der König gespannt, das Ebenbild seiner Hermione zu sehen, und Perdita voll Sehnsucht, die Züge zu betrachten, die ihrer nie gesehenen Mutter glichen.

Als Paulina den Vorhang zurückzog, welcher das gerühmte Standbild verbarg, glich es so vollkommen Hermione, daß des Königs ganzer Schmerz bei dem Anblick sich erneuerte; lange Zeit vermochte er nicht zu sprechen oder sich zu bewegen.

---

* Julio Romano (1492-1546) war ein Schüler Rafaels. Mit der Erwähnung dieses Meisters stimmt natürlich nicht die Anführung des delphischen Orakels, die auf eine heidnische Zeit hindeutet, aber Shakespeare gestattet sich gern solche Anachronismen. (Anm. d. Ü.)

„Recht, daß Ihr schweigt, mein Fürst," sagte Paulina, „das zeigt nur um so mehr Eure Bewunderung. Ist diese Bildsäule Eurer Gemahlin nicht sehr ähnlich?"

Endlich sagte der König: „Ach, so stand sie, gerade mit solcher Hoheit, als ich zuerst um sie warb. Aber doch, Paulina, Hermione war nicht so alt, wie diese Bildsäule aussieht." Paulina entgegnete: „Um so viel höher steht des Bildners Kunst, der diese Bildsäule geschaffen hat, wie Hermione jetzt aussehen würde, wenn sie noch lebte. Aber laßt mich den Vorhang zuziehen, gnädiger Herr, damit ihr nicht sofort denkt, sie bewege sich."

Der König erwiderte darauf: „Nein, nein! Zieht den Vorhang nicht zu. O, wäre ich tot! Würdest du nicht denken, das Bild atmete? Ihr Auge scheint sich zu bewegen." „Ich muß den Vorhang zuziehen, mein Fürst", sagte Paulina. „Ihr seid so entzückt, daß Ihr Euch überreden könntet, das Bild lebte." „O teure Freundin," sagte Leontes, „laßt mich immerhin zwanzig Jahre so denken. Mich dünkt noch immer, es atmet von ihr her. Und doch, welch zarter Meißel könnte eine Bewegung des Odems darstellen? Niemand spotte meiner, ich will sie küssen." „Nein, gnädiger Herr, tut das nicht!" rief Paulina. „Die Röte der Lippen ist noch feucht, Ihr werdet Eure eigenen Lippen mit Ölfarbe beflecken. Soll ich den Vorhang zuziehen?" „Nein, in zwanzig Jahren noch nicht", sagte Leontes.

Perdita, welche die ganze Zeit auf den Knien gelegen und in schweigender Bewunderung das Bild ihrer unvergleichlichen Mutter betrachtet hatte, sagte jetzt: „Und solange könnte ich hier stehen und auf meine teure Mutter hinschauen."

„Entweder mäßigt dies Entzücken," sagte Paulina zu Leontes, „und laßt mich den Vorhang schließen, oder bereitet Euch vor zu noch größerem Staunen. Ich kann bewirken, daß die Bildsäule sich in der Tat bewegt, ja, und daß sie von dem Fußgestell heruntersteigt und Euch bei der Hand faßt. Aber dann werdet Ihr denken, daß ich – Gott verhüte, daß es also sei – im Bunde mit bösen Mächten stehe."

Der erstaunte König rief: „Was Ihr immer sie tun heißt, ich sehe es mit Freuden an. Was Ihr sie sprechen heißt, ich höre es mit Freuden an; denn es ist ebenso leicht sie sprechen wie sich bewegen zu lassen."

Da ließ Paulina eine langsame feierliche Musik ertönen, die sie zu diesem Zweck vorbereitet hatte, und zum Erstaunen aller Anwesenden stieg die Bildsäule von ihrem Fußgestell nieder und schlang ihre Arme um Leontes' Nacken. Das Bild begann hierauf zu sprechen, indem sie betete, der Himmel möge ihren Gemahl und ihr Kind, die wiedergefundene Perdita, segnen.

Es ging ohne Wunder zu, daß das Bild an Leontes' Nacken hing und ihren Gemahl und ihr Kind segnete. Ja, es ging ohne Wunder zu, denn das Bild war in der Tat Hermione selbst, die wirkliche und lebendige Königin.

Paulina hatte fälschlich dem König Hermiones Tod berichtet, denn sie dachte, das wäre das einzige Mittel, um das Leben ihrer königlichen Gebieterin zu retten; und bei der guten Paulina hatte Hermione unterdes gelebt, indem sie niemals wünschte, daß Leontes wissen sollte, sie sei noch am Leben. Doch nun, da sie hörte, daß Perdita gefunden wäre, nun erschien ihr alles in anderem Lichte. Denn obgleich sie längst das Unrecht vergeben hatte, das Leontes ihr selbst getan, so konnte sie doch nicht seine Grausamkeit gegen seine kleine Tochter verzeihen.

Da seine verstorbene Gemahlin so dem Leben wiedergeschenkt, seine verlorene Tochter wiedergefunden war, so konnte der lange bekümmerte Leontes das Übermaß seines eigenen Glückes kaum ertragen.

Von allen Seiten hörte man nur Glückwünsche und liebevolle Worte. Jetzt dankten die entzückten Eltern dem Fürsten Florizel, daß er ihre Tochter trotz ihres scheinbar niedrigen Standes geliebt habe; jetzt segneten sie den guten alten Schäfer, der dastand wie ein altes verwittertes Brunnenbild, daß er ihr Kind gerettet habe. Groß war Camillos und Paulinas Freude, daß sie ein so gutes Ende aller ihrer treuen Dienste noch erlebt hatten.

Und als wenn nichts fehlen sollte, um diese wunderbare und unverhoffte Freude voll zu machen, betrat jetzt König Polyxenes selber den Palast.

Als Polyxenes zuerst seinen Sohn und dann Camillo vermißte, vermutete er sogleich, da er wußte, daß Camillo lange gewünscht hatte, nach Sizilien zurückzukehren, er würde die Flüchtlinge hier finden; und indem er ihnen eiligst folgte, hatte er das Glück in diesem seligsten Augenblick von Leontes' Leben anzukommen.

Polyxenes nahm an der allgemeinen Freude teil, er vergab seinem Freund Leontes die ungerechte Eifersucht, die er gegen ihn gehegt hatte, und ihre gegenseitige Liebe lebte noch einmal mit aller Wärme ihrer ersten Jugendfreundschaft auf. Und es war nicht zu fürchten, daß Polyxenes sich jetzt der Vermählung seines Sohnes mit Perdita widersetzen würde. Sie war jetzt kein „Hirtenstab, der sich etwas angeln wolle", sondern die Erbin der Krone Siziliens.

So haben wir die Tugenden der stillen Dulderin Hermione belohnen sehen. Diese ausgezeichnete Fürstin lebte noch manches Jahr mit ihrem Leontes und ihrer Perdita als die glücklichste aller Mütter und Königinnen.

Othello

Brabantio, der reiche Ratsherr von Venedig, hatte eine schöne Tochter, die holde Desdemona. Viele Freier warben um ihrer vielen Tugenden willen um sie, wie wegen ihrer Aussichten auf ein reiches Erbe. Aber unter den Bewerbern aus ihrem eigenen Land und von ihrer Gesichtsfarbe sah sie keinen, den sie hätte lieben können; die edle Jungfrau, die mehr auf das Herz als auf die Gesichtszüge der Männer achtete, hatte vielmehr, gemäß einer eigentümlichen Neigung, die mehr Verwunderung als Nachahmung verdiente, zum Gegenstand ihrer Liebe einen Schwarzen, einen Mohren, sich ausersehen, einen Mann, den ihr Vater sehr schätzte und oft in sein Haus einlud.

Auch war Desdemona nicht unbedingt zu verdammen, als ob derjenige, den sie zu ihrem Gatten erkoren hatte, dazu durchaus ungeeignet gewesen wäre. Abgesehen davon, daß Othello von schwarzer Farbe war, fehlte dem Mohren nichts, das ihn der Neigung der vornehmsten Dame zu empfehlen vermocht hätte. Er war ein Krieger, und zwar ein sehr tapferer; und durch seine Führung in blutigen Kämpfen gegen die Türken war er zum Rang eines Oberfeldherrn im venezianischen Dienst emporgestiegen, und er genoß die Achtung und das Vertrauen des Staates.

Er hatte große Reisen gemacht, und Desdemona, wie dies die Art junger Mädchen ist, hörte ihn gern die Geschichte seiner Abenteuer erzählen, die er rasch von seiner frühesten Erinnerung her zu durchlaufen pflegte; die Schlachten, Belagerungen und Zusammenstöße, die er bestanden hätte; die Gefahren, denen er zu Land und zu Wasser ausgesetzt gewesen wäre; wie er um Haaresbreite dem Tod entronnen, beim Sturm auf eine Bresche oder beim Hinaufsteigen auf die Mündung einer Kanone;

und wie der übermütige Feind ihn zum Gefangenen gemacht und in die Sklaverei verkauft habe; wie er sich in diesem Zustand benommen und wie er erlöst worden sei. Alle diese Berichte, wozu noch die Erzählung kam, von den in fremden Ländern gesehenen Wundern, den wüsten Steppen und den weiten Höhlen, den Steinbrüchen, den Felsen und Bergen, deren Gipfel in die Wolken ragen; von den wilden Völkern, den Kannibalen, die Menschenfresser sind, und von einem afrikanischen Menschenschlag, dem der Kopf unter der Schulter wachse – alle diese Reiseberichte pflegten die Aufmerksamkeit Desdemonas so zu fesseln, daß, wenn ein Hausgeschäft sie einmal abrief, sie dies in aller Eile vollbrachte und zurückkehrte und mit durstigem Ohr Othellos Rede verschlang. Und einstmals sah er die Gelegenheit einer günstigen Stunde und gab ihr Anlaß zur herzlichen Bitte, er möge ihr ausführlich seine ganze Lebensgeschichte erzählen, von der sie so viel, aber immer nur stückweise, gehört hätte. Er erfüllte ihren Wunsch und entlockte ihr manche Träne, wenn er ein leidvolles Abenteuer aus seiner Jugend berichtete.

Als seine Geschichte zu Ende war, gab sie ihm für seine Leiden eine Welt von Seufzern, sie schwor mit reizendem Lächeln, alles sei wunderseltsam und rührend, unendlich rührend; sie wünsche, es nicht gehört zu haben, und doch wünsche sie, daß der Himmel sie zu solchem Mann geschaffen hätte; und dafür dankte sie ihm und bat, wenn je ein Freund von ihm sie lieben sollte, so möge er ihn lehren, seine Geschichte zu erzählen, das würde sie für ihn gewinnen. Auf diesen Wink, der mit ebensoviel Bescheidenheit wie Offenherzigkeit gegeben ward und den eine bezaubernde Holdseligkeit und sanftes Erröten begleitete, so daß ihn Othello wohl verstehen mußte, erklärte er offen seine Liebe, und bei dieser unvergleichlichen Gelegenheit gewann er die Einwilligung der hochherzigen Desdemona, sich heimlich mit ihm zu vermählen.

Weder Othellos Farbe noch sein Vermögen waren der Art, daß er hoffen konnte, Brabantio würde ihn als

Schwiegersohn annehmen. Er hatte seine Tochter nicht in ihrem Tun und Lassen beschränkt, aber er erwartete, daß sie nach Art vornehmer venezianischer Damen in kurzem einen Gemahl von Ratsherrenrang oder mit Aussicht darauf wählen würde; aber darin sah er sich getäuscht. Desdemona liebte den Mohren, obgleich er schwarz war, und sie weihte Herz und Rang seiner Tapferkeit und seinen edlen Eigenschaften; so sehr war ihr Herz von einer unbedingten Ergebung für den Mann, den sie zum Gemahl gewählt hatte, erfüllt, daß sie sogar seine Farbe, welche für alle Damen mit Ausnahme dieses verständigen Mädchens als unüberwindbares Hindernis sich erwiesen haben würde, weit höher schätzte denn die weiße Haut und die helle Farbe der jungen venezianischen Adligen, ihrer Bewerber.

Ihre Vermählung war zwar heimlich bewerkstelligt, konnte aber doch nicht lange geheim gehalten werden. Sie kam dem alten Brabantio zu Ohren, der in einer feierlichen Ratssitzung als Ankläger des Mohren Othello erschien, der durch Zaubertränke wie Teufelslist das Herz der schönen Desdemona verführt habe, ihn zu heiraten, ohne die Einwilligung des Vaters und wider alle Verpflichtungen der Gastfreundschaft.

Um diese Zeit traf es sich, daß der Staat Venedig der Dienste des Mohren augenblicklich bedurfte, da Nachrichten angekommen waren, daß die Türken nach mächtiger Vorbereitung eine Flotte ausgerüstet hätten, die ihren Lauf nach der Insel Cyprus nähme, um diesen festen Platz den Venezianern, die ihn damals besetzt hielten, wieder zu entreißen. Bei diesem Ereignis richtete der Staat seine Augen auf Othello, dem man allein die Fähigkeit zutraute, die Verteidigung von Cyprus wider die Türken zu leiten. So stand Othello, jetzt vor den hohen Rat geladen, vor den Herren, zugleich als Auserkorener für ein hohes Staatsamt und als Angeklagter, dem man an Verbrechen schuld gab, die nach dem Gesetz von Venedig mit dem Tod bedroht waren.

Das Alter und der Ratsherrenrang des alten Brabantio machten ein geduldiges Gehör von seiten dieser ehrwürdigen Versammlung nötig; aber der erzürnte Vater führte die Anklage mit so geringer Mäßigung, indem er Wahrscheinlichkeiten und Behauptungen als Beweise hinstellte, daß Othello, als er zu seiner Verteidigung aufgerufen ward, nur die einfache Geschichte vom Verlauf seiner Liebeswerbung zu berichten hatte. Er tat das mit so kunstloser Beredsamkeit, indem er von der ganzen Geschichte seiner Werbung in der oben erzählten Weise Rechenschaft gab, und er trug seine Rede mit so edler Einfachheit (diesem Beweis der Wahrheit) vor, daß der Herzog, der den Vorsitz im Gericht führte, nicht umhin konnte zu bekennen, daß eine so vorgetragene Erzählung seine Tochter noch dazu gewonnen haben würde. Und die Zauberkünste und Beschwörungen, die Othello bei seiner Werbung angewandt hätte, seien offenbar nichts anderes gewesen, als die anständigen Mittel verliebter Leute; der einzige Zauber, dessen er sich bedient habe, sei die Fähigkeit, eine Erzählung in so einschmeichelnder Weise vorzutragen, daß dadurch ein weibliches Ohr gewonnen würde.

Die Aussage Othellos ward bestätigt durch das Zeugnis seiner Gemahlin Desdemona selber, die vor dem Gerichtshof erschien; und indem sie nicht verhehlte, daß sie ihrem Vater für Leben und Erziehung verpflichtet sei, nahm sie auch das Recht in Anspruch, eine noch höhere Pflicht gegen ihren Herrn und Gemahl zu bekennen, genau in demselben Maße, wie ihre Mutter es getan, indem sie ihn (Brabantio) ihrem Vater vorgezogen habe.

Der alte Ratsherr, unfähig die Anklage aufrecht zu halten, rief den Mohren mit vielen Ausdrücken des Schmerzes zu sich und übergab ihm notgedrungen seine Tochter, die, sagte er, wenn es noch in seiner Macht stände, sie bei sich zu behalten, er mit aller Kraft von ihm weggerissen haben würde; er fügte hinzu, daß er seelenfroh wäre, kein anderes Kind sein eigen zu nennen, denn Desdemonas Benehmen würde ihn gelehrt haben, tyrannisch zu werden und, um ihrer Flucht willen, dem anderen Kind Ketten anzulegen.

Nachdem diese Schwierigkeit überwunden war, übernahm Othello, dem die Gewohnheit das schwerste Ungemach des Soldatenlebens ebenso vertraut gemacht hatte, wie Nahrung und Ruhe es anderen Menschen sind, bereitwillig die Führung des Krieges auf Cyprus; und Desdemona stellte die Ehre ihres Gemahls, wenn sie auch mit Gefahren verbunden war, weit höher als die Hingebung an eitle Vergnügungen, in welchen Neuvermählte die Zeit gewöhnlich vergeuden, und so willigte sie freudig ein, mit ihm abzureisen.

Kaum waren Othello und seine Gemahlin auf Cyprus gelandet, als die Nachricht ankam, daß ein wütender Sturm die türkische Flotte zerstreut hätte und die Insel sicher gegen augenblickliche Kriegsgefahr wäre. Aber der Kampf, den Othello bereit war auf sich zu nehmen, war jetzt im Werden begriffen; und die Feinde, welche Bosheit gegen sein unschuldiges Weib aufstachelte, erwiesen sich ihrer Natur nach als schlimmer und gefährlicher, denn Fremde und Ungläubige.

Unter allen Freunden des Feldherrn besaß keiner in höherem Grad das Vertrauen Othellos, als Cassio. Michael Cassio war ein junger Krieger, ein Florentiner, fröhlich, leicht und von gefälligem Äußeren, Eigenschaften, die in den Augen der Frauen viel gelten; er war hübsch und beredt und wie geschaffen um die Eifersucht eines Mannes zu reizen, der, schon in den Jahren vorgerückt (wie Othello dafür gelten konnte), ein junges und schönes Weib geheiratet hatte; aber Othello war ebenso frei von Eifersucht, wie er edel war, und ebenso unfähig eine niedrige Handlung bei anderen vorauszusetzen, wie sie selber zu vollbringen. Er hatte diesen Cassio in seinem Liebeshandel mit Desdemona gebraucht, und Cassio war bei seiner Bewerbung eine Art von Vermittler gewesen. Denn Othello, welcher fürchtete, daß er selbst nicht die angenehme Unterhaltungsgabe besitze, die Frauen gefällt, und der diese Eigenschaft an seinem Freund schätzte, hatte oft Cassio abgesandt, um statt seiner, wie er es nannte, einen ritterlichen Dienst zu verrichten; denn ein so unschuldiges Vertrauen ist vielmehr eine Ehre denn ein Tadel für das Wesen des tapferen Mohren. So war es kein Wunder, wenn nächst Othello selbst die liebliche Desdemona (natürlich in weitem Abstand, wie es sich für ein tugendhaftes Weib geziemt) den Cassio schätzte und ihm vertraute. Auch hatte die Vermählung dieses Paares keinen Unterschied in ihrem Benehmen gegen Michael Cassio hervorgebracht. Er kam häufig in ihr Haus, und seine frische und fröhliche Art zu plaudern war für Othello, der selber von einer mehr ernsten Gemütsart war, eine erfreuliche Abwechslung; denn solche Gemüter finden, wie man oft beobachtet hat, ihre Lust an ihrem Gegensatz, der sich von dem erdrückenden Ernst ihres eigenen Wesens abhebt. Und Desdemona und Cassio pflegten miteinander zu plaudern und zu lachen, wie in den Tagen, da er für seinen Freund manchen ritterlichen Dienst ausrichtete.

Othello hatte jüngst Cassio zu seinem Stellvertreter befördert, in ein Vertrauensamt, das der Person des Feldherrn am nächsten stand. Durch diese Beförderung fühlte sich Jago sehr verletzt; er war ein älterer Hauptmann, der mehr Ansprüche denn Cassio zu haben glaubte und sich oft über diesen lustig machte, als über einen Gesellen, der einzig für die Gesellschaft von Damen geeignet sei, und der nicht mehr als ein Mädchen von der Kriegskunst verstehe oder wie ein Heer in Schlachtordnung zu stellen sei. Jago haßte Cassio und er haßte Othello, schon deshalb, weil er Cassio vorzog, aber namentlich wegen eines ungerechten Verdachtes, den er leichtsinnigerweise gegen Othello gefaßt hatte, als ob er zu zärtlich gegen Jagos Weib Emilia wäre. Auf diese rein eingebildeten Beweggründe hin faßte Jagos ränkesüchtiges Gemüt einen furchtbaren Racheplan, der Cassio, den Mohren und Desdemona in ein gemeinsames Verderben verwickeln sollte.

Jago war schlau und hatte die menschliche Natur tief ergründet, und er wußte, daß von allen Qualen, die das Herz peinigen, noch weit hinaus über körperliche Schmerzen, die Qual der Eifersucht am unerträglichsten ist und den giftigsten Stachel hat. Wenn es ihm glückte, Othello eifersüchtig auf Cassio zu machen, so würde das, glaubte er, ein vorzüglicher Racheplan sein, der mit dem Tode Cassios enden müßte, oder mit dem Othellos, oder beider – ihm sollte alles recht sein.

Die Ankunft des Feldherrn und seiner Gemahlin auf Cyprus, die zusammentraf mit der Nachricht von der Zerstreuung der feindlichen Flotte, hatte eine Art von Feiertag auf der Insel hervorgerufen. Jedermann gab sich Festlichkeiten und Lustbarkeiten hin. Wein floß in Strömen und Becher kreisten in der Runde auf das Wohl des schwarzen Othello und seiner Gemahlin, der schönen Desdemona.

Cassio hatte in dieser Nacht den Oberbefehl über die Wache. Ihm war der Auftrag von Othello geworden, die Soldaten vor jeder Ausschreitung im Trinken zu bewahren, damit kein Lärm entstünde, der die Einwohner erschrecken oder ihnen die neu gelandeten Streitkräfte verleiden könnte. In dieser Nacht begann Jago seine tiefangelegten Unheilspläne; unter dem Schein der Treue und Liebe zum Feldherrn verlockte er Cassio, allzu flott der Flasche zuzusprechen (ein großer Fehler für einen Hauptmann auf Wache). Cassio leistete zwar eine Zeit lang Widerstand, aber er erlag bald der ehrlichtuenden Dreistigkeit, die Jago aufzuwenden verstand, und er stürzte fortwährend Glas auf Glas herunter, da Jago ihm in einem fort zusetzte mit Trinken und lustigen Liedern, und Cassios Zunge floß über, vom Preisen der holden Desdemona, auf die er wieder und wieder ein Hoch ausbrachte, mit der Versicherung, sie wäre das herrlichste Weib auf der Welt. Aber endlich stahl der böse Feind, den Jago ihm in den Mund flößte, ihm das Gehirn, und auf eine Herausforderung, die von einem durch Jago dazu angestifteten Gesellen ihm geworden war, wurden Schwerter gezogen, und Montano, ein würdiger Hauptmann, der sich einmischte, um den Streit zu beschwichtigen, ward verwundet. Jetzt begann der Aufstand allgemein zu werden, und Jago, der das Unheil in Gang gebracht hatte, war am eifrigsten bemüht, den Lärm zu verbreiten: Er ließ die Festungsglocke läuten, als wenn eine gefährliche Meuterei und nicht eine einfache Zechrauferei ausgebrochen wäre, und das Läuten der Lärmglocke erweckte Othello, der, hastig sich ankleidend und auf den Schauplatz der Unruhe eilend, Cassio nach der Ursache fragte. Diesem war jetzt die Besinnung wiedergekehrt, da die Wirkung des Weines sich ein wenig verloren hatte, aber er war zu beschämt, als daß er hätte antworten können; und Jago, der freilich tat, als widerstrebe es ihm, Cassio anzuklagen, aber als wäre er dazu gezwungen von Othello, der darauf bestand, die Wahrheit zu erfahren, gab einen Bericht von der ganzen Sache (allerdings mit Auslassung seines eigenen Anteils, dessen sich zu erinnern Cassio viel zu viel getrunken hatte), und er stellte sie so dar, daß, während er Cassios Vergehen zu mildern schien, er es in der Tat größer erscheinen ließ, als es wirklich war. Die schließliche Folge war, daß Othello als strenger Bewahrer der kriegerischen Zucht sich gezwungen sah, Cassio seines Stellvertreteramtes zu entheben.

So gelang Jagos erste List vollständig; er hatte jetzt seinem verhaßten Nebenbuhler den Boden untergraben und ihn aus seiner Stellung gedrängt. Aber ein fernerer Gebrauch war später zu machen, von dem Ereignis dieser unheilvollen Nacht.

Cassio, den dies Mißgeschick völlig ernüchtert hatte, jammerte jetzt seinem scheinbaren Freund Jago vor, daß er ein solcher Tor gewesen sei, sich in ein Vieh zu verwandeln. Er sei verloren, denn wie könne er den Feldherrn je wieder um sein Amt bitten? Jener würde ihm ja sagen, daß er ein Trunkenbold wäre. Er verachte sich selbst. Jago aber tat, als nähme er die Sache leicht, und sagte, daß er und jedermann leicht einmal bei Gelegenheit sich berauschen könne; es bleibe nun nur übrig, die böse Geschichte möglichst wieder gut zu machen; des Feldherrn Gemahlin führe jetzt den Oberbefehl und könne alles mit Othello machen; es wäre das Beste, sich jetzt an Desdemona zu wenden, damit sie für ihn bei ihrem Herrn die Vermittlung übernähme; sie hätte einen offenen und gnadenreichen Sinn und würde bereitwillig einen guten Dienst dieser Art unternehmen und Cassio in der Gunst des Feldherrn wieder befestigen, und dann würde die jetzt zersprungene Liebe noch stärker werden als je. Ein guter Rat von Jago, wenn er nur nicht zu verruchten Zwecken gegeben wäre, wie sich bald herausstellen wird.

Cassio tat, wie Jago ihm riet, und wandte sich an Desdemona, die leicht in einer ehrbaren Sache zu gewinnen war; und sie versprach Cassio, daß sie seine Fürsprecherin sein werde bei ihrem Gemahl und lieber sterben, als seine Sache preisgeben. Dies führte sie auch sogleich aus und zwar in einer so ernsten und anmutigen Art, daß Othello, den Cassio tödlich beleidigt hatte, ihr nichts versagen konnte. Als er die Notwendigkeit des Aufschubs betonte und daß es zu früh wäre, einem solchen Sünder zu verzeihen, wollte sie sich nicht abweisen lassen, sondern drang darauf, daß es am nächsten Abend oder am folgenden Morgen oder längstens am nächstfolgenden geschehen solle. Dann zeigte sie, wie reuevoll und gedemütigt der arme Cassio wäre, und daß sein Vergehen nicht einen so scharfen Tadel verdiente. Und als Othello noch immer zögerte, rief sie: „Wie, mein Gemahl? Mir soll es so schwer werden, Cassios Sache zu führen, Michael Cassios, der für dich um mich warb und oft, wenn ich von dir nicht günstig sprach, dich treu verfocht? Ich rechne dies nur für eine Kleinigkeit, die ich von dir erbitte. Soll ich einmal ernstlich deine Liebe prüfen, dann werde ich dich um etwas Wichtigeres bitten.“ Othello konnte einer solchen Fürbitterin nichts verweigern, und indem er bloß verlangte, Desdemona möge ihm Zeit lassen, versprach er, Michael Cassio wieder seine Gunst zuzuwenden.

Othello und Jago waren in Desdemonas Gemach eingetreten gerade in dem Augenblick, als Cassio, der ihre Vermittlung angerufen hatte, zur entgegengesetzten Tür hinausging; und Jago, der Ränkevolle, hatte mit leiser Stimme gesagt, als wenn er zu sich selbst spräche. „Ei, das gefällt mir nicht.“ Othello hatte auf diese Worte kein großes Gewicht gelegt; in der Tat verdrängte die Zusammenkunft, die unmittelbar nachher mit seiner Gemahlin stattfand, sie aus seinem Gedächtnis; aber nachher fielen sie ihm wieder ein. Denn als Desdemona hinausgegangen war, richtete Jago, als wäre es nur um seinen früheren Gedanken vor sich selbst zu rechtfertigen, an Othello die Frage, ob Michael Cassio damals, als Othello um seine Geliebte freite, etwas von seiner Liebe gewußt habe. Als darauf der Feldherr bejahend antwortete und hinzufügte, daß Cassio während jener Zeit oft als Bote zwischen ihnen hin und her gegangen sei, da zog Jago seine Stirn in düstere Falten, als ob ihm über eine furchtbare Sache ein neues Licht aufgegangen wäre, und rief: „Wirklich?" Dies erinnerte den Mohren wieder an jene Worte, die Jago beim Betreten des Gemaches, als er Cassio bei Desdemona sah, hatte fallen lassen, und es fiel ihm ein, daß alles dies etwas zu bedeuten hätte. Denn er hielt Jago für einen gerechten und treuen und ehrlichen Mann, und was in einem falschen und schurkischen Gemüt Hinterlist sein könnte, das, meinte er, sei in ihm die natürliche Regung eines ehrlichen Herzens, das etwas in sich verschlösse, das zu grauenvoll wäre, um es zu äußern. Und Othello bat Jago dringend auszusprechen, was er wüßte, und seinen schlimmsten Gedanken Ausdruck zu geben. „Wie?" rief Jago. „Wenn einmal niedrige Gedanken in meine Brust Eingang gefunden hätten? Denn wo ist der Palast, in den nicht auch einmal Schändliches eindränge?" Dann lenkte Jago die Rede dahin, daß er sagte, es würde ja ein Jammer sein, wenn für Othello irgendeine Störung seines Seelenfriedens hervorgehen sollte aus seinen unvollkommenen Beobachtungen; es würde für Othellos Ruhe nicht taugen, seine Gedanken zu kennen; der gute Name dürfe jemandem nicht auf geringe Verdachtsgründe hin genommen werden; und als Othellos Argwohn durch diese Winke und hingestreuten Worte fast bis zum Wahnsinn erregt war, bat ihn Jago, wie in ernstlicher Sorge um Othellos Gemütsruhe, er möge sich hüten vor Eifersucht. Mit solcher boshaften List

erregte dieser Schurke Verdacht in dem arglosen Othello, gerade durch die Warnung, die er ihm vorgeblich gegen den Verdacht erteilte . „Ich weiß," sprach Othello, „daß mein Weib schön ist, daß sie Gesellschaft und Feste liebt, daß sie frei und offen spricht, daß sie gut singt, spielt und tanzt; aber wo Tugend ist, da nehmen auch diese Vorzüge teil an der Tugend. Ich muß Beweise haben, eh ich an Untreue bei ihr glaube." Da erklärte Jago, als wäre er froh, daß Othello nicht gern Böses von seiner Gemahlin denke, frank und frei, daß er keine Beweise habe, aber er bat Othello, ihr Benehmen wohl zu beachten, wenn Cassio bei ihr wäre; er möge nicht eifersüchtig sein, aber auch nicht zu sorglos, denn er kenne die Neigungen seiner Landsmänninnen besser als Othello, und in Venedig ließen die Weiber den Himmel manche Dinge sehen, die sie ihren Männern nicht zu zeigen wagten. Dann gab er arglistig zu verstehen, daß Desdemona ihren Vater bei ihrer Vermählung mit Othello getäuscht hätte und diese so heimlich betrieben, daß der arme alte Mann geglaubt hätte, es sei Zauberkraft dabei gebraucht. Othello ward sehr aufgeregt durch diesen Beweisgrund, der ihm vollkommen einleuchtete; denn wenn sie ihren Vater getäuscht hatte, dann konnte sie wohl auch ihren Gatten täuschen.

Jago bat um Verzeihung, daß er ihn so aufgeregt hätte; aber Othello, eine gleichgültige Miene heuchelnd, während er in Wirklichkeit bei Jagos Worten von Ingrimm geschüttelt ward, bat ihn fortzufahren. Das tat Jago mit vielen Entschuldigungen, als ob er nur widerwillig etwas gegen Cassio vorbringe, den er ja seinen Freund nenne. Er kam dann mit Nachdruck auf die Hauptsache und erinnerte den Mohren, daß Desdemona so manche passende Verbindungen mit Männern ihres eigenen Landes und von ihrer Farbe ausgeschlagen und ihn, einen Mohren geheiratet habe; dies erscheine widernatürlich an ihr und beweise, daß sie einen eigensinnigen Willen besitze, und wenn ihr besseres Urteil wiederkehre, wie wahrscheinlich es dann sei, daß sie Othello mit den schönen Gestalten und den lichten weißen Farben ihrer jungen Landsleute vergleichen würde. Er schloß damit, Othello den Rat zu geben, er möge seine Versöhnung mit Cassio ein wenig länger hinausschieben und in der Zwischenzeit beobachten, wie ernstlich Desdemona zu seinen Gunsten eintrete; daraus würde sich manches ergeben. So unheilvoll machte dieser ränkevolle Bösewicht seine Anschläge, daß er die edlen Eigenschaften seiner unschuldigen Gemahlin zu ihrem Verderben wandte und aus ihrer eigenen Gutherzigkeit ein Netz schuf, um sie darin zu fangen: Erst stiftete er Cassio an, ihre Vermittlung zu erbitten, und dann entnahm er eben dieser Vermittlung die schurkische List, die zu ihrem Untergang führen sollte.

Die Unterredung endete mit Jagos Bitte, Othello möge sein Weib für unschuldig halten, bis er entscheidende Beweise hätte; und Othello versprach geduldig zu sein, aber von diesem Augenblick an hatte der getäuschte Mann nie wieder volle Gemütsruhe. Weder Mohn noch Alraunwurzelsaft noch alle Schlaftränke der Welt konnten ihm je wieder den süßen Schlummer geben, den er doch noch gestern genossen hatte. Seine kriegerische Beschäftigung lag wie ein Alp auf ihm, er fand keine Freude mehr an den Waffen. Sein Herz, das sonst beim Anblick von Truppen und Fahnen und Schlachtreihen frohlockt und beim Ton einer Trommel oder einer Trompete oder eines wiehernden Rosses ihm in der Brust gehüpft hatte, schien allen Stolz und Ehrgeiz, worin die Tugend eines Kriegers liegt, verloren zu haben; von soldatischem Eifer und allen seinen alten Freuden empfand er nichts mehr. Bisweilen hielt er sein Weib für treu, dann wieder dachte er, es wäre nicht so; bisweilen hielt er Jago für brav, und dann wieder dachte er, es wäre nicht so; er wünschte wohl, nie etwas von der Sache erfahren zu haben – er wäre um nichts schlimmer daran, wenn sie Cassio liebte, nur hätte er es nicht wissen sollen. Durch solche zerrenden Gedanken wie zerrissen, packte er einst Jago an der Gurgel und verlangte Beweise für Desdemonas Schuld, oder er drohte ihm sofortigen Tod, weil er sie verleumdet habe. Jago, der sich empört stellte, daß seine Redlichkeit als Laster gelte, fragte Othello, ob er nicht zuweilen ein mit Erdbeeren besticktes Taschentuch in der Hand seiner Gemahlin gesehen hätte. Othello antwortete, daß er ihr ein solches geschenkt hätte und daß dies seine erste Gabe an sie gewesen wäre. „Mit diesem selben Taschentuch," sagte Jago „sah ich Michael Cassio heute sein Antlitz abwischen." „Wenn es so ist, wie du sagst," rief Othello, „so will ich nicht ruhen, bis eine vollgenügend weite Rache sie beide verschlingt; und zunächst, als ein Zeichen deiner Treue, erwarte ich, binnen drei Tagen von dir zu hören, daß Cassio nicht mehr lebt; und was diesen schönen Teufel betrifft," (er meinte damit seine Gemahlin) „so will ich im Stillen ein schnelles Todesmittel für sie ersinnen."

Kleinigkeiten, leicht wie Luft, sind für den Eifersüchtigen Beweise, die ebenso schwer wiegen wie die heilige Schrift. Ein Taschentuch seines Weibes in Cassios Hand – das war Grund genug für den betrogenen Othello, um über beide das Todesurteil auszusprechen; es bedurfte für ihn keiner weiteren Untersuchung, wie Cassio dazu gekommen wäre. Desdemona hatte niemals Cassio ein solches Geschenk gegeben, auch hätte sein treues Weib niemals ihren Herrn und Gemahl gekränkt, indem sie etwas so Nichtswürdiges getan hätte, wie seine Gaben einem anderen Mann zu schenken. Cassio und Desdemona waren unschuldig an einer Beleidigung Othellos; aber der verruchte Jago, dessen Geist nie ruhte, Schurkereien zu ersinnen, hatte seine Frau, ein gutes, aber schwaches Weib, veranlaßt, dies Taschentuch Desdemona heimlich zu entwenden; er hatte vorgegeben, die Stickerei nachmachen zu lassen, in Wirklichkeit aber wollte er es fallen lassen, so daß Cassio es auf seinem Wege fände, und damit wollte er seiner Erdichtung, daß es Desdemonas Geschenk wäre, eine Handhabe leihen.

Bald nachdem er sein Weib getroffen hatte, gab Othello vor, daß er Kopfweh habe (wie es ja auch wirklich sein mochte), und verlangte von ihr, sie möchte ihm ihr Taschentuch leihen, seine Schläfen zu drücken. Sie tat es. „Nicht dies," sagte Othello, „sondern das Taschentuch, das ich dir schenkte." Desdemona hatte es nicht bei sich, denn es war in der Tat gestohlen. „Wie?" rief Othello. „Das ist in der Tat sehr schlimm. Dies Taschentuch gab eine Zigeunerin meiner Mutter; das Weib war eine Zauberin und konnte die Gedanken der Leute lesen. Sie erzählte meiner Mutter, solange sie es bewahre, würde es ihr Reiz verleihen, aber wenn sie's verlöre oder verschenkte, würde sich meines Vaters Neigung von ihr abwenden, und er würde sie ebensosehr verabscheuen, wie er sie vorher geliebt hätte. Sie gab es mir bei ihrem Tod und hieß mich, wenn ich je heiratete, es meinem Weib zu geben. Ich tat es; nimm's in acht. Halte es ebenso kostbar wie deinen Augenstern." „Ist es möglich?" fragte die erschrockene Desdemona. „Es ist wahr," fuhr Othello fort, „in dem Gewebe steckt Zauberei; eine Sibylle, die zweihundert Jahre in der Welt lebte, wirkte es in einem Anfall von prophetischem Wahnsinn; die Seidenwürmer, welche diese Seide lieferten, waren geweiht, und das Tuch war gefärbt in Mumiensaft von Mädchenherzen." Als Desdemona von diesen wunderbaren Eigenschaften des Taschentuchs hörte, wollte sie vor Angst vergehen, denn es kam ihr nun deutlich zum Bewußtsein, daß sie es verloren hätte und damit auch, wie sie fürchtete, die Neigung ihres Gatten. Da fuhr Othello auf und blickte wild um sich, als wäre er im Begriff eine rasche Tat zu verüben, und noch immer verlangte er das Taschentuch. Sie aber versuchte, als sie es nicht vorzeigen konnte, ihren Gatten von allzu ernsten Gedanken abzulenken und sagte freundlich, sie sehe wohl, daß alle seine Worte wegen des Taschentuchs darauf gerichtet wären, sie von ihrer Fürbitte für Michael Cassio abzubringen. Dabei fuhr sie fort Cassio zu preisen (wie Jago es vorher gesagt hatte), bis Othello in völligem Wahnsinn aus dem Zimmer stürzte und in Desdemona, obgleich wider ihren Willen, der Verdacht aufstieg, ihr Gemahl könnte eifersüchtig sein.

Welche Ursache sie ihm gegeben haben könnte, wußte sie nicht. Und dann wieder klagte sie sich selbst an, daß sie den edlen Othello einer solchen Regung angeklagt hätte, und sie meinte, überzeugt sein zu können, daß unerwartete Nachrichten von Venedig oder Staatsunruhen seinen Geist getrübt und seine Stimmung verdüstert hätten. Und sie sagte: „Männer sind nicht Götter, wir müssen nicht diese zarte Rücksicht, die sie uns am Hochzeitstag erweisen, von ihnen erwarten, wenn sie verheiratet sind." Und sie machte sich selbst Vorwürfe für ihr so liebloses Urteil über seine Lieblosigkeit.

Wieder trafen Othello und Desdemona zusammen, und er klagte sie nunmehr offener an, daß sie ihm treulos wäre und einen anderen liebte, aber er sagte nicht wen. Und Othello weinte und Desdemona rief aus: „O Tag des Jammers! Wehe! Warum weinst du?" Und Othello sagte ihr, er würde jede Art von Unglück tapfer ertragen haben – Armut und Krankheit und Schmach; aber die Untreue hätte ihm das Herz gebrochen. Und er nannte sie ein Unkraut, das so lieblich blicke und so süß dufte, daß es die Sinne betäube; und er wünschte, sie wäre nie geboren. Und als er sie verlassen hatte, fühlte sich das unschuldige Weib von dem unbegründeten Verdacht ihres Herrn und Gemahls so niedergedonnert, daß eine schwere Müdigkeit über sie kam, und sie bloß wünschte, daß ihre Dienerin ihr Bett machte und die Hochzeitslaken auflegte. Leise sagte sie, wer kleine Kinder unterrichte, der tue es in freundlicher Weise und durch leichte Aufgaben, und so hätte Othello sie ja schelten können; denn sie wäre gewiß und wahrhaftig nur ein Kind, wenn sie gescholten würde. Und das war die einzige Klage, welche über die Lippen dieser edlen Frau kam.

Als Desdemona sich ins Bett begeben hatte, in der Erwartung, ihr Herr würde ihr folgen, versank sie bald in Schlaf, eine Wirkung ihrer Gemütsverstörung. Da betrat Othello die Kammer, voll schwarzer Vorsätze, die er ausgebrütet hatte, seine Gemahlin zu töten. Aber als er sie schlafen sah, dachte er, er wolle nicht ihr Blut

vergießen, noch diese weiße Haut ritzen, die so weiß wie Schnee und Alabaster wäre. Aber er war entschlossen, sie solle sterben; sonst würde sie, meinte er, leben, um noch mehr Männer als ihn zu betrügen. Dann küßte er sie zum letzten Mal, wie er sagte, und dieser Kuß war so süß, daß er sie wieder küssen mußte. Und er weinte, aber er sagte, dies wären grausame Tränen.

Desdemona war von seinen Küssen erwacht und sie blickte auf Othello und sie sah, wie er seine Unterlippe nagte, und wie seine Augen rollten, und sie wußte, daß es immer Unheil bedeute, wenn er so blickte. Und er hieß sie, zum Tod sich vorzubereiten und ihr Gebet zu sprechen, denn er wolle nicht ihre Seele töten. Und als das unschuldige Weib ihm auf Gnade und Ungnade hingegeben dalag, flehte sie um Barmherzigkeit und bat, sie ihr Vergehen wissen zu lassen. Da nannte er Cassio, und das Taschentuch, das sie ihm gegeben hätte. Und als die schuldlose Desdemona eben im Begriff war, sich von dem schmählichen Verdacht zu reinigen, wollte er plötzlich nichts mehr hören, sondern deckte die Kissen auf sie und vergrub sie darin, bis sie erstickt war.

In diesem Augenblick ward Cassio ins Haus gebracht, verwundet und blutend. Ihn meuchlings zu ermorden, hatte Jago einen seiner Helfershelfer angestiftet, aber dem Burschen war der Versuch, Cassio zu töten nicht gelungen (er hatte ihn wohl verwundet, aber nicht tödlich), und den Mörder selbst hatte Jago erstochen, um einer Entdeckung zuvorzukommen. In dessen Taschen hatte man Briefe gefunden, welche die Schuld Jagos und die Unschuld Cassios über allen Zweifel hinaus bewiesen; und Cassio kam nun, um Othello um Verzeihung zu bitten und ihn zu fragen, wodurch er ihn beleidigt hätte, daß Jago den Auftrag gehabt hätte, ihn zu ermorden.

Diese Entdeckung war ein Donnerschlag für Othello, der nun klar erkannte, daß er nichts Besseres sei als ein Mörder und daß sein Weib – die arme schuldlose Desdemona – ihm immer treu gewesen. Der überwältigende Schmerz dieser Entdeckung machte ihm das Leben unerträglich, und er stürzte sich in sein Schwert und warf sich auf den Leichnam seiner teuren, so tief gekränkten Gattin und starb.

Diese raschen Taten erregten in den Umstehenden maßloses Erstaunen und Entsetzen. Denn Othello hatte sich eines trefflichen Rufes erfreut, und bis zu dem Augenblick, wo er durch die Nichtswürdigkeiten eines Schurken aufgehetzt ward, gegen welchen Argwohn zu hegen, seine stolze Natur ihm nie erlaubt hatte, war er ein zärtlicher und liebevoller Gatte gewesen. Er hatte geliebt, nicht klug, doch allzusehr; und als er seines Irrtums inne ward, da ergossen sich seine männlichen Augen, die sonst nicht bei jeder geringfügigen Gelegenheit zu weinen pflegten, so schnell in Tränen, wie Arabiens Bäume von heilungskräftigem Balsam tauen. Und als er fort war, erinnerte man sich aller seiner früheren Verdienste und seiner tapferen Taten. Nichts blieb nun für seinen Nachfolger übrig, als die äußerste Strenge des Gesetzes gegen Jago in Ausführung zu bringen, der unter großen Qualen hingerichtet ward, und dem Rat zu Venedig Nachricht zu senden von dem beklagenswerten Tod des berühmten Feldherrn.

Der Kaufmann von Venedig

Der Jude Shylock lebte in Venedig, er war ein Wucherer, der ein ungeheures Vermögen aufgehäuft hatte, indem er christlichen Kaufleuten Geld auf hohe Zinsen lieh. Shylock, ein hartherziger Mann, betrieb die Heimzahlung des ausgeliehenen Geldes mit solcher Strenge, daß alle guten Menschen ihn verabscheuten, und ganz besonders Antonio, ein junger Kaufmann von Venedig; und Shylock haßte nicht minder Antonio, weil er bedrängten Leuten Geld zu leihen pflegte und nie für das ausgeliehene Geld Zinsen nehmen wollte; deshalb herrschte große Feindschaft zwischen diesem habgierigen Juden und dem hochherzigen Kaufmann Antonio. So oft Antonio dem Shylock auf dem Rialto (Börse) begegnete, pflegte er ihm Vorwürfe über seinen Wucher und seine harte Handlungsweise zu machen; dies ertrug der Jude mit scheinbarer Geduld, aber heimlich sann er auf Rache.

Antonio war der gütigste Mann, den man sehen konnte, und von der besten Gemütsart, und nie ward er müde, Gefälligkeiten zu erweisen; er war in der Tat ein Mann, in welchem die alte Römerehre mehr hervortrat, als in irgend jemandem, der in Italien lebte. Alle seine Mitbürger liebten ihn sehr, aber der Freund, welcher seinem Herzen am nächsten stand, war Bassanio, ein junger Venezianer von Adel. Dieser, der nur ein geringes väterliches Erbgut besaß, hatte sein kleines Vermögen beinahe erschöpft, indem er für seine geringen Mittel zu verschwenderisch lebte, wie junge Leute von hohem Rang mit geringem Vermögen nur allzusehr zu tun geneigt sind. So oft Bassanio Geld bedurfte, stand Antonio ihm bei, und es schien, als hätten sie beide zusammen nur ein Herz und einen Geldbeutel.

Eines Tages kam Bassanio zu Antonio und erzählte ihm, daß er sein Vermögen durch eine reiche Heirat mit einem Fräulein aufzubessern wünsche, das er innig liebe. Ihr Vater, der vor kurzem gestorben sei, habe sie als alleinige Erbin eines großen Besitzes hinterlassen; und bei ihres Vaters Lebzeiten habe er oft in ihrem Haus Besuche gemacht und dabei zu bemerken geglaubt, daß dies Fräulein bisweilen aus ihrem Auge stumme Botschaften zu ihm sende, die zu sagen schienen, er würde kein unwillkommener Bewerber sein; aber, da er nicht genug Geld habe, um sich als Freier einer so reichen Erbin zu passendem Auftreten auszurüsten, so bitte er Antonio, zu der vielen Freundschaft, die er ihm schon bezeugt hätte, noch eine hinzuzufügen, indem er ihm dreitausend Dukaten leihe.

Antonio hatte zu dieser Zeit kein Geld vorrätig, um es seinem Freund leihen zu können; aber da er bald die Rückkehr einiger mit Waren reich beladener Schiffe erwartete, so sagte er, er wolle zu Shylock, dem reichen Geldverleiher, gehen, und das Geld unter Verpfändung dieser Schiffe borgen.

Antonio und Bassanio gingen zusammen zu Shylock, und Antonio bat den Juden, ihm dreitausend Dukaten auf beliebige Zinsen zu leihen; die Schuld solle bezahlt werden aus den Waren, welche seine zur See befindlichen Schiffe trügen. Da dachte Shylock bei sich selber: „Für den Fall, daß ich ihm einmal ein Bein stellen kann, will ich den alten Groll, den ich gegen ihn hege, recht fett füttern; er haßt unser jüdisches Volk; er leiht Geld umsonst aus, und unter den Kaufleuten schilt er über mich und meinen mit vollem Recht geernteten Gewinn, den er Wucher nennt. Verflucht sei mein Volk, wenn ich ihm je vergebe!“ Da Antonio sah, daß er in sich brütete und nicht antwortete, und da er ungeduldig auf das Geld wartete, rief er aus: „Shylock, hört Ihr? Wollt Ihr das Geld leihen?“ Auf diese Frage versetzte der Jude: „Signor Antonio, auf dem Rialto habt Ihr mich viel und oftmals um meine Gelder und um meine Zinsen geschmäht, und ich habe das mit einem geduldigen Achselzucken ertragen, denn Dulden ist das Erbteil unseres ganzen Stammes; und Ihr habt mich einen Ungläubigen genannt, einen Halsabschneider, einen Bluthund und habt gespien auf meine jüdischen Kleider und mit Füßen nach mir gestoßen, als wenn ich ein Köter wäre. Gut denn, nun zeigt es sich, daß Ihr mich braucht, und Ihr kommt zu mir und sagt: ‚Shylock, leiht mir Geld!‘ Hat ein Hund Geld? Ist es möglich, daß ein Köter Euch dreitausend Dukaten leihen könnte? Soll ich mich demütig verbeugen und sagen: ‚Schöner Herr, am letzten Mittwoch spiet Ihr mich an, ein andermal hießet Ihr mich einen Bluthund, und für diese Höflichkeiten soll ich Euch Geld leihen?‘“ Antonio erwiderte: „Es ist wahrscheinlich, daß ich Euch wieder so nenne und daß ich Euch wieder so anspeie und nach Euch trete. Wenn Ihr mir das Geld leihen wollt, leiht es mir nicht als einem Freund, sondern leiht es mir vielmehr als einem Feind, damit, wenn ich bankbrüchig werde, Ihr mit desto ruhigerer Stirn die Strafe eintreiben könnt.“ „Ei, seht Ihr,“ sagte Shylock, „wie Ihr stürmt und aufbraust! Ich wollte mit Euch gut Freund sein, Eure Liebe gewinnen. Ich will die Schmach vergessen, die Ihr auf mich gehäuft habt. Ich will Eurem augenblicklichen Mangel abhelfen und keine Zinsen für mein Geld nehmen.“ Dies scheinbar gütige Anerbieten überraschte Antonio sehr, und dann heuchelte Shylock noch immer Freundlichkeit: Alles, was er täte, wäre nur, um Antonios Liebe zu gewinnen, und er wiederholte, daß er ihm die dreitausend Dukaten leihen und keine Zinsen für sein Geld nehmen wollte; nur sollte Antonio mit ihm zu einem Rechtsgelehrten gehen und dort zum reinen Spaß einen Vertrag unterzeichnen, daß, wenn er nicht bis zu einem gewissen Tag das Geld bezahle, er ein Pfund Fleisch verwirkt haben wolle, das ihm aus einem beliebigen Teil seines Leibes auszuschneiden wäre.

„Es sei, aufs Wort,“ sagte Antonio, „ich will diesen Vertrag unterzeichnen und sagen, daß in dem Juden viel Herzensgüte steckt.“

Bassanio sagte, Antonio solle einen solchen Vertrag nicht für ihn unterzeichnen, doch Antonio beharrte noch

immer darauf, daß er ihn unterschreiben wolle, denn vor dem Zahlungstag würden seine Schiffe zurückkehren, reich beladen mit dem hundertfachen Wert des Geldes.

Als Shylock diesen Streit hörte, rief er aus: „O Vater Abraham, was für mißtrauische Leute doch diese Christen sind! Ihre eigene harte Handlungsweise lehrt sie, gegen die Gedanken anderer mißtrauisch zu sein. Ich bitte Euch, sagt mir doch, Bassanio: Wenn er diesen Tag versäumen sollte, was würde ich gewinnen durch die Eintreibung der mir verfallenen Buße? Ein Pfund Menschenfleisch, von einem Mann genommen, ist weder so schätzenswert noch so nutzbar, wie Hammel- oder Rindfleisch; ich sage, um seine Gunst mir zu erkaufen, biete ich diesen Freundschaftsdienst; will er ihn annehmen, nun gut; wo nicht, lebt wohl!"

Gegen den Rat Bassanios, der trotz allem, was der Jude von seinen freundlichen Absichten gesagt hatte, nicht zugeben wollte, daß sein Freund sich um seinetwillen der Gefahr dieser empörenden Buße unterzöge, unterzeichnete Antonio schließlich den Vertrag, er dachte, daß er in Wirklichkeit (wie der Jude sagte) nur zum reinen Spaß abgeschlossen sei.

Die reiche Erbin, die Bassanio zu freien wünschte, lebte an einem Ort mit Namen Belmont, in der Nähe von Venedig; sie hieß Portia, und in der Anmut ihrer Persönlichkeit und ihres Gemütes stand sie nicht jener Portia nach, von welcher uns die Bücher erzählen, die Catos Tochter und Brutus' Gemahlin war.

Da Bassanio so gütig durch seinen Freund Antonio mit Geld unterstützt war, der freilich sein Leben dabei aufs Spiel setzte, reiste er nach Belmont mit einem glänzenden Gefolge ab; in seiner Begleitung war auch ein Edelmann mit Namen Gratiano.

Bassanio erwies sich als glücklich in seiner Bewerbung, in kurzer Zeit willigte Portia ein, ihn als Gemahl anzunehmen.

Bassanio gestand seiner Braut, daß er kein Vermögen habe und daß seine hohe Geburt und seine adligen Vorfahren alles seien, dessen er sich rühmen könne; sie, die ihn um seiner edlen Eigenschaften willen liebte, und die Reichtümer genug hatte, um nicht Geld und Gut bei der Wahl eines Gatten in Betracht zu ziehen, antwortete mit lieblicher Bescheidenheit, daß sie sich tausendmal schöner und zehntausendmal reicher wünschte, um seiner würdiger zu sein. Und dann setzte die herrliche Portia in liebenswürdiger Art ihren eigenen Wert herab und sagte, daß sie ein ungelehrtes, unerzogenes Mädchen sei, aber doch nicht so alt, daß sie nicht noch lernen könne, und sie wollte ihr weiches Gemüt ihm überlassen, um in allen Stücken von ihm geleitet und gelenkt zu werden; und sie sagte: „Ich selbst und was nur mein, ist jetzt in Euch und das Eurige verwandelt. Noch gestern, Bassanio, war ich die Herrin dieses schönen Gutes, Königin über mich selbst und Gebieterin über meine Diener; und nun sind dies Haus, diese Diener und ich selbst Euer eigen, mein Gebieter; ich gebe sie mit diesem Ring." Und dabei reichte sie Bassanio einen Ring.

Bassanio war bei der anmutigen Art, in welcher die reiche und edle Portia einen Mann von seinem geringen Vermögen annahm, von Dankbarkeit und Bewunderung so überwältigt, daß er seine Verehrung und Freude dem teuren Mädchen, das ihn so hoch stellte, nicht anders ausdrücken konnte, als durch stammelnde Worte der Liebe und Ergebenheit; und indem er den Ring nahm, gelobte er, sich nie von ihm zu trennen.

Gratiano und Nerissa, Portias Kammerfräulein, warteten ihrem Herrn und ihrer Herrin auf, als Portia so anmutsvoll versprach, das gehorsame Weib Bassanios zu werden; und Gratiano, der Bassanio und seiner edlen Braut Heil und Segen wünschte, bat um die Erlaubnis, zur selben Zeit wie sie sich verheiraten zu dürfen.

„Von ganzem Herzen, Gratiano," sagte Bassanio, „gebe ich die Erlaubnis, wenn du nur ein Weib bekommen kannst."

Da sagte Gratiano, daß er Portias schönes Kammerfräulein Nerissa liebe und daß sie versprochen habe, sein Weib zu werden, wenn ihre Herrin Bassanio heirate.

Portia fragte Nerissa, ob das wahr wäre. Nerissa erwiderte: „Gnädiges Fräulein, es ist so, wenn Ihr es billigt.“ Da Portia gern einwilligte, so sagte Bassanio scherzend: „Dann wird unser Hochzeitsfest durch eure Heirat hochgeehrt.“

Das Glück der Liebenden ward in diesem Augenblick in betrübender Weise durch den Eintritt eines Boten gestört, der einen Brief von Antonio mit schrecklichen Nachrichten überbrachte. Als Bassanio den Brief Antonios las, fürchtete Portia, ihm würde der Tod irgendeines teuren Freundes gemeldet, so bleich sah er aus, und indem sie sich erkundigte, was für Nachrichten ihn so verstört hätten, sagte er: „O süße Portia, hier sind ein paar so widerwärtige Worte, wie sie je Papier befleckten. Holdes Fräulein, als ich zuerst Euch meine Liebe bot, sagte ich Euch, daß mein ganzer Reichtum in meinen Adern rinne, doch ich hätte Euch sagen sollen, er sei noch unter nichts: Ich bin in Schulden.“ Bassanio erzählte dann Portia, was wir schon wissen: Wie er Geld von Antonio geborgt und Antonio es von dem Juden Shylock beschafft und sich durch einen Schein verpflichtet habe, ein Pfund Fleisch zu verpfänden, wenn es nicht bis zu einem gewissen Tag wiederbezahlt wäre; und dann las Bassanio den Brief Antonios vor, dessen Inhalt folgender war: „Herzlieber Bassanio, meine Schiffe sind alle verloren, mein Schein an den Juden ist verfallen; und da es unmöglich ist, daß ich es überlebe, wenn ich ihn bezahle, so wünsche ich nur, dich bei meinem Tod zu sehen. Indessen handle nach Belieben. Wenn deine Liebe zu mir dich nicht überredet, so soll es mein Brief nicht.“ „O mein Geliebter,“ sagte Portia, „laßt alles andere liegen, und geht, geht; Ihr sollt Gold haben, um das Geld mehr als zwanzigmal zu bezahlen, ehe dieser gütige Freund nur ein Haar verlieren soll durch meines Bassanios Schuld; und da Ihr so teuer erkauft seid, so sollt Ihr mir um so teurer sein.“ Portia sagte darauf, sie wünschte mit Bassanio vor seiner Abreise vermählt zu sein, damit er ein gesetzliches Recht an ihrem Vermögen habe; und so wurden sie noch denselben

Tag verheiratet, und Gratiano ward auch mit Nerissa getraut; und in dem Augenblick, da sie ehelich verbunden waren, reisten Bassanio und Gratiano eiligst nach Venedig ab, wo Bassanio seinen Freund Antonio im Gefängnis fand.

Da der Tag der Zahlung verstrichen war, so wollte der grausame Jude das Geld nicht annehmen, welches Bassanio ihm anbot, sondern er bestand darauf, er wolle ein Pfund von Antonios Fleisch haben. Ein Tag ward anberaumt zur Verhandlung dieser empörenden Sache vor dem Herzog von Venedig, und Bassanio wartete mit schrecklicher Spannung den Ausgang der Verhandlung ab.

Als Portia von ihrem Gemahl Abschied genommen, hatte sie heiter zu ihm gesprochen und ihn gebeten, er möge seinen teuren Freund mitbringen, wenn er zurückkehre; nun aber fürchtete sie doch, es möge mit Antonio schlimm gehen, und als sie allein war, fing sie an mit sich selbst darüber zu Rate zu gehen, ob sie nicht durch irgendwelche Mittel ein Werkzeug werden könnte, dem Freund ihres teuren Bassanio das Leben zu retten. Und obgleich sie damals, als sie wünschte, ihrem Bassanio Ehre zu erweisen, ihm mit so demütiger und echt weiblicher Anmut gesagt hatte, daß sie in allen Stücken sich der Leitung seiner höheren Weisheit unterwerfen wolle, so fühlte sie sich doch jetzt durch die Gefahr des Freundes ihres teuren Gemahls zum tätigen Eingreifen aufgefordert. Sie zweifelte nicht an ihrer eigenen Geisteskraft, und von ihrem wahren und treffenden Urteil geleitet, beschloß sie plötzlich, selbst nach Venedig zu gehen und Antonios Verteidigung zu übernehmen.

Portia hatte einen Verwandten, der Rechtsanwalt war; diesem Mann, der Bellario hieß, schrieb sie, und indem sie ihm den Fall auseinandersetzte, ersuchte sie ihn um seine Meinung und bat zugleich, daß er ihr mit seinem Rat die Kleidung eines Anwalts schicken möchte. Als der Bote zurückkehrte, brachte er briefliche Ratschläge von Bellario, wie vorzugehen wäre, sowie alles Notwendige für ihre Ausstattung.

Portia kleidete sich und ihre Zofe Nerissa in Männertracht, und indem sie die lange Gewandung eines Anwalts anlegte, nahm sie Nerissa als ihren Schreiber mit sich; sie reisten sofort ab und kamen in Venedig eben zum Tag der Verhandlung an. Die Sache sollte gerade vor dem Herzog und den Ratsherren von Venedig im Stadthaus zur Entscheidung gebracht werden, als Portia vor diesen hohen Gerichtshof trat und einen Brief von Bellario überreichte, in welchem dieser gelehrte Anwalt dem Herzog schrieb, er würde selbst gekommen sein, um Antonio zu verteidigen, aber er wäre durch Krankheit verhindert, und er bäte, daß der gelehrte junge Doktor Balthasar (so nannte er Portia) die Erlaubnis erhalten möchte, an seiner Statt vor Gericht aufzutreten. Dies bewilligte der Herzog, obgleich er sich sehr über das jugendliche Aussehen des Fremden wunderte, der so allerliebst durch das Anwaltsgewand und durch den mächtigen künstlichen Haarschmuck verkleidet war.

Und nun begann diese wichtige Verhandlung. Portia sah um sich, und sie erblickte den erbarmungslosen Juden; sie sah auch Bassanio, aber er erkannte sie in ihrer Verkleidung nicht. Er stand Antonio zur Seite, in tiefer Traurigkeit und Todesangst um seinen Freund.

Die Wichtigkeit der schwierigen Aufgabe, welche Portia übernommen hatte, verlieh diesem zarten Mädchen Mut, und sie ging kühn in der Ausübung der Pflicht vor, die sie nun einmal als die ihrige betrachtete. Und zu allererst wandte sie sich an Shylock; und indem sie einräumte, daß er nach dem venezianischen Gesetz ein Recht auf das in der Verschreibung bezeichnete Pfand habe, sprach sie so hinreißend von dem herrlichen Wesen der Gnade, daß sie jedes Herz außer dem des gefühllosen Shylock rührte. Sie sagte, die Gnade träufele wie des Himmels milder Regen zur Erde unter ihr; Gnade sei doppelter Segen, sie segne den Geber und den Empfänger; und sie ziere den Fürsten auf dem Thron mehr als seine Krone, weil sie ein Vorrecht Gottes selber sei; und irdische Macht komme der göttlichen am nächsten, in dem Maße wie Gnade die Gerechtigkeit mildere. Und sie hieß Shylock bedenken, daß, wie wir alle um Gnade beteten, dies selbe Gebet uns lehren müsse, Gnade zu üben. Aber Shylock gab ihr nur Antwort durch sein Verlangen, die in dem Schein erwirkte Buße gezahlt zu erhalten. „Ist er nicht imstande das Geld zu bezahlen?“ fragte Portia. Bassanio bot darauf dem Juden die Zahlung von sovielmal dreitausend Dukaten wie er nur wünsche; aber Shylock wies das zurück, und indem er noch immer darauf bestand, er müsse ein Pfund von Antonios Fleisch haben, bat Bassanio den gelehrten jungen Anwalt, er möge sich doch bemühen, das Recht ein wenig zu beugen, um Antonios Leben zu retten. Aber ernst erwiderte Portia, daß ein Gesetz, das einmal als gültig anerkannt wäre, nie verdreht werden dürfe. Als Shylock Portia sagen hörte, daß das Gesetz nicht verdreht werden dürfe, schien es ihm, daß sie zu seinen Gunsten spreche, und er rief: „Ein Daniel ist gekommen zu richten! O weiser, junger Richter, wie ich Euch ehre! Um wieviel älter seid Ihr, als Ihr ausseht!“

Portia verlangte nun, Shylock solle sie den Schein sehen lassen; und als sie ihn gelesen hatte, sagte sie: „Der Schein ist verfallen, und nach dem Recht kann der Jude hierauf ein Pfund Fleisch verlangen, zunächst am Herzen Antonios auszuschneiden.“ Dann sagte sie zu Shylock: „Sei barmherzig; nimm das Geld und laß mich den Schein zerreißen.“ Aber der grausame Jude wollte keine Gnade erweisen, er sagte: „Bei meiner Seele schwöre ich, daß keines Menschen Zunge Gewalt über mich hat.“ „Nun wohl, Antonio,“ sagte Portia, „bereitet Euren Busen für sein Messer“, und während Shylock mit großem Eifer ein langes Messer schärfte, um das Pfund Fleisch auszuschneiden, sagte Portia zu Antonio: „Habt Ihr noch etwas zu sagen?“ Antonio erwiderte mit ruhiger Ergebung, daß er nur noch wenig zu sagen habe, weil sein Gemüt zum Tod bereitet sei. Dann sprach er zu Bassanio: „Gib mir die Hand, Bassanio! Lebe wohl! Es kränke dich nicht, daß ich in dies Unglück geraten bin um deinetwillen. Empfiehl mich deinem edlen Weib, und erzähle ihr, wie sehr ich dich geliebt habe." Bassanio erwiderte mit tiefem Kummer: „Antonio, ich habe ein Weib zur Ehe, das mir so lieb ist als mein Leben selbst; doch Leben selbst, mein Weib und alle Welt gilt nicht höher als dein Leben bei mir, ich gäbe alles hin, ich opferte alles dem Teufel da, nur um dich zu befreien."

Als Portia dies hörte, fühlte sie sich zwar in ihrer Herzensgüte durchaus nicht gekränkt von ihrem Gemahl, daß er der Liebe, welche er gegen einen so treuen Freund wie Antonio hegte, einen so starken Ausdruck gab, aber sie konnte doch nicht umhin neckisch zu antworten: „Euer Weib würde, wenn sie zugegen wäre, Euch wenig Dank wissen, zu hören, wie Ihr ein solches Anerbieten machtet." Und Gratiano, der alles nachzumachen liebte, was sein Herr tat, dachte sich, er müßte eine Rede halten gleich der Bassanios, und er sagte in Gegenwart Nerissas, die in ihrer Schreiberkleidung neben Portia schrieb: „Ich habe ein Weib, das ich gewiß und wahrhaftig liebe; doch wünschte ich, sie wäre im Himmel, wenn sie dort eine Macht erflehen könnte, des hündischen Juden grausames Herz zu wandeln." „Gut," sagte Nerissa, „daß Ihr dies wünscht hinter ihrem Rücken, sonst störte wohl der Wunsch des Hauses Frieden." Shylock rief nun ungeduldig aus: „Die Zeit geht hin; ich bitte Euch, kommt zum Spruch." Und jetzt war alles ehrfurchtsvolle Erwartung im Gerichtshof, und jedes Herz bangte für Antonio.

Portia fragte, ob die Waagschale da wäre, das Fleisch zu wägen; und zum Juden sprach sie: „Shylock, Ihr müßt einen Wundarzt dabei haben, damit er sich nicht zu Tode blutet." Shylock, dessen ganze Absicht darauf gerichtet war, daß Antonio sich zu Tode bluten sollte, sagte: „Ist das so angegeben in dem Schein?" Drauf erwiderte Portia: „Es steht nicht da, allein was tut's? Es wäre doch gut, Ihr tätet das aus Menschenliebe." Alles, was Shylock darauf antwortete, war: „Ich kann's nicht finden; 's ist nicht in dem Schein." „Dann," sagte Portia, „ist ein Pfund von Antonios Fleisch dein. Das Gesetz gestattet es, und das Gericht erkennt es. Und Ihr mögt dies Fleisch aus seiner Brust herausschneiden. Das Gesetz gestattet es, und das Gericht erkennt es." Noch einmal rief Shylock. „O weiser und gerechter Richter! Ein Daniel ist gekommen zu richten!" Und dann schärfte er sein langes Messer wieder, und gierig auf Antonio blickend, rief er: „Kommt her, macht Euch fertig."

„Warte noch ein wenig, Jude," sagte Portia, „hier ist noch etwas außerdem zu merken. Dieser Schein gibt Euch nicht ein Tröpfchen Blut, die Worte sind ausdrücklich ‚ein Pfund Fleisch'. Wenn Ihr beim Ausschneiden des Pfundes Fleisch nur einen Tropfen Christenblut vergießt, so fällt Euer Hab und Gut nach dem Gesetz Venedigs dem Staat anheim." Nun war es aber für Shylock durchaus unmöglich, das Pfund Fleisch auszuschneiden, ohne das Blut Antonios zu vergießen. Diese kluge Entdeckung Portias, daß nur Fleisch und nicht Blut im Schein genannt war, rettete dem Antonio das Leben. Und alle bewunderten den erstaunlichen Scharfsinn des jungen Anwalts, der so glücklich an dies Auskunftsmittel gedacht hatte, so daß von allen Seiten des Stadthauses Beifallsruf ertönte; und Gratiano rief mit denselben Worten, die Shylock gebraucht hatte: „O weiser und gerechter Richter! Merke, Jude, ein Daniel ist gekommen zu richten."

Shylock fühlte, daß seiner grausamen Absicht eine Niederlage bereitet sei, und sagte mit einem Blick, worin sich seine ganze Enttäuschung aussprach, daß er das Geld nehmen wolle; und Bassanio, höchlich erfreut über Antonios unerwartete Rettung, rief aus. „Hier ist das Geld." Aber Portia trat ihm entgegen mit den Worten: „Sachte, sachte! Die Sache hat nicht Eile; der Jude soll nichts als seine Buße haben; deshalb macht Euch fertig, Shylock, das Fleisch auszuschneiden; aber gebt acht, daß Ihr kein Blut vergießt; auch schneidet nicht mehr oder weniger heraus als genau ein Pfund; sollte es mehr oder weniger sein um ein elendes Quentchen, ja sollte sich die Waagschale nur um eines Haares Breite neigen, so seid Ihr durch die Gesetze Venedigs zum Tod verurteilt, und all Euer Gut ist dem großen Rat verfallen." „Gebt mir mein Geld und laßt mich gehen", sagte Shylock. „Ich habe es schon für dich bereit," sagte Bassanio, „hier ist's."

Shylock schickte sich eben an, das Geld zu nehmen, als Portia wieder ihm entgegentrat mit den Worten: „Warte, Jude, das Recht hat andern Anspruch noch an Euch. Nach den Gesetzen Venedigs ist Euer Hab und Gut dem Staat verfallen, weil Ihr gegen das Leben eines der Bürger einen Anschlag gemacht habt, und Euer Leben hängt an der Gnade des Herzogs. Darum nieder auf Eure Knie, ihn um Gnade zu bitten."

Der Herzog sagte darauf zu Shylock: „Damit Ihr seht, welch anderer Geist uns Christen lenkt, so schenke ich Euch das Leben, bevor Ihr darum bittet; Eures Gutes Hälfte gehört Antonio, die andere Hälfte fällt an den Staat."

Voll Großmut sagte drauf Antonio, daß er seinen Anteil an Shylocks Gütern aufgeben wolle, wenn Shylock eine Schrift unterzeichne, durch die er sie seiner Tochter und deren Mann bei seinem Tod vermache. Denn Antonio wußte, daß der Jude eine einzige Tochter besäße, die kürzlich ohne seine Zustimmung sich mit einem Christen namens Lorenzo verheiratet hatte, einem Freund Antonios, wodurch Shylock so aufgebracht war, daß er sie enterbt hatte.

Der Jude war mit allem einverstanden; und da er sich in seinem Rachegelüst so hart enttäuscht und seines Reichtums beraubt sah, sprach er: „Ich bin krank. Laßt mich nach Hause gehen; sendet mir das Schriftstück nach, und ich will es unterzeichnen und die Hälfte meiner Güter meiner Tochter vermachen." „Fort denn," sagte der Herzog, „und unterzeichne; wenn du deine Grausamkeit bereust und dich zum Christentum bekehrst, so wird der Staat dir die Buße der anderen Hälfte deiner Güter erlassen."

Der Herzog entledigte jetzt Antonio seiner Haft und entließ den Gerichtshof. Er pries darauf die Weisheit und den Scharfsinn des jungen Anwalts und lud ihn zum Mittagessen zu sich. Portia, die vor ihrem Gemahl nach Belmont zurückzukehren gedachte, versetzte dagegen: „Ich danke Eurer Hoheit ehrerbietigst, doch muß ich geradewegs nach Hause.“ Der Herzog sagte, es täte ihm leid, daß er nicht Zeit hätte, bei ihm zu verweilen und mit ihm zu speisen; dann sich zu Antonio wendend fügte er hinzu: „Erweist Euch diesem Herrn dankbar; denn, wie mich bedünkt, seid Ihr ihm sehr verpflichtet.“

Der Herzog und seine Ratsherrn verließen die Stätte; dann aber sagte Bassanio zu Portia: „Sehr würdiger Herr, ich und mein Freund Antonio sind heute durch Eure Weisheit von schweren Bußen losgesprochen, und ich bitte Euch, diese dreitausend Dukaten, die Schuld des Juden, dafür anzunehmen.“ „Und wir,“ setzte Antonio hinzu, „wir bleiben Eure Schuldner überdies an Liebe wie an Diensten immerfort.“

Portia konnte nicht vermocht werden, das Geld anzunehmen; aber da Bassanio sie noch immer drängte, sich eine Belohnung gefallen zu lassen, sagte sie. „Gebt mir Eure Handschuh, ich will sie zu Eurem Andenken tragen“, und indem Bassanio dann seine Handschuh abzog, erspähte sie den Ring, den sie ihm geschenkt hatte. Nun war aber die Veranlassung zu ihrer Bitte um die Handschuhe nur der Ring, den die schlaue Portia von ihm zu erhalten wünschte, um beim Wiedersehen mit Bassanio sich einen lustigen Scherz zu machen; und so sprach sie, den Ring sehend: „Und Euch zuliebe nehme ich den Ring von Euch.“ Bassanio ward tief bestürzt, als der Anwalt ihn um das einzige bat, von dem er sich nicht trennen konnte, und er erwiderte sehr verwirrt, daß er ihm diesen Ring nicht geben könne, weil er ein Geschenk seines Weibes sei und er gelobt habe, sich nie von ihm zu trennen; aber er wolle ihm den wertvollsten Ring in Venedig geben und diesen durch öffentlichen Heroldsruf ausfindig machen. Da tat Portia, als wäre sie tief beleidigt, und verließ den Saal mit den Worten: „Ihr lehrt mich, Herr, wie man Bettlern Antwort zu geben hat.“

„Liebster Bassanio,“ sprach Antonio, „laß ihn den Ring bekommen; laß sein Verdienst zugleich mit meiner Liebe dir soviel gelten als deines Weibes Mißfallen.“

Beschämt, so undankbar zu erscheinen, willigte Bassanio ein und sandte Gratiano mit dem Ring dem Anwalt nach. Nun aber bat der „Schreiber" Nerissa, die ebenfalls Gratiano einen Ring geschenkt hatte, um seinen Ring, und Gratiano, der nicht Lust hatte sich an Großmut von seinem Herrn übertreffen zu lassen, schenkte ihn ihr. Und da gab es denn viel Gelächter zwischen den beiden jungen Frauen, wenn sie sich dachten, wie sie, sobald sie die Heimat erreicht hätten, ihren Männern Vorwürfe machen wollten, daß sie ihre Ringe weggegeben hätten, und wie sie dann beschwören könnten, daß jene sie als Geschenk an Frauen gegeben.

Portia war bei ihrer Rückkehr in jener glücklichen Stimmung, die immer die Folge des Bewußtseins ist, eine gute Tat vollbracht zu haben. Alles, was sie sah, entzückte ihren heiteren Sinn: Der Mond schien, wie ihr dünkte, so hell wie nie zuvor; und als dieser liebliche Mond hinter einer Wolke versteckt war, da gefiel ein Licht, das sie von ihrem Haus zu Belmont herschimmern sah, ihrer erregten Einbildungskraft ebenso sehr, und sie sagte zu Nerissa: „Das Licht, welches wir dort sehen, brennt in meiner Halle; soweit diese kleine Kerze Strahlen wirft, soweit leuchtet eine gute Tat in einer erbärmlichen Welt." Und da sie Klänge von Musik von ihrem Haus her vernahm, sagte sie: „Mir deucht, daß Musik jetzt doch viel lieblicher klingt als bei Tage."

Und nun betraten Portia und Nerissa das Haus, und nachdem sie sich in ihre eigenen Kleider geworfen hatten, erwarteten sie die Ankunft ihrer Männer, die ihnen bald mit Antonio folgten. Und Bassanio stellte seinen teuren Freund seiner Gemahlin Portia vor. Aber kaum waren das Willkommen und die Glückwünsche der Hausfrau vorüber, als sie vernahmen, daß Nerissa und ihr Mann in einem Winkel des Zimmers sich zankten. „Ei, schon ein Zank?" sagte Portia. „Worum handelt es sich?" Gratiano erwiderte: „Gnädige Frau, es handelt sich um einen armseligen vergoldeten Ring, den Nerissa mir gab; ein Denkspruch war darauf an alle Welt, wie

Verse, die man liest auf eines Messerschmiedes Klinge ‚Liebe mich und laß mich nicht'."

„Was kommen hier die Verse oder der Wert des Ringes in Betracht?" sagte Nerissa. „Als ich ihn dir gab, da schworst du mir, daß du ihn bis zur Todesstunde bewahren wolltest; und nun sagst du, daß du ihn dem Schreiber des Rechtsanwaltes gegeben hast. Ich weiß, du gabst ihn einem Weib." „Bei meiner Ehre," erwiderte Gratiano, „ich gab ihn einem Jüngling, einer Art von Knaben, einem kleinen Knirps, nicht größer als du selbst; er war der Schreiber des jungen Anwaltes, der durch seine kluge Verteidigung Antonios Leben rettete. Dieser Plauderbub erbat ihn sich zur Belohnung, und ich hätte ihm um mein Leben den Ring nicht abschlagen können." Portia sagte: „Ihr seid zu tadeln, Gratiano, Euch von dem ersten Geschenk Eures Weibes zu trennen. Ich gab meinem Gemahl Bassanio einen Ring, und ich bin fest überzeugt, daß er sich von ihm nicht für alle Schätze, die die Welt besitzt, trennen würde." Gratiano sagte darauf zur Entschuldigung seines Fehlers: „Mein Herr Bassanio gab seinen Ring dem Anwalt, und da erbat der Bursche, sein Schreiber, der die Mühe des Schreibens hatte, sich den meinen."

Als Portia das hörte, schien sie sehr ärgerlich zu sein, und sie machte Bassanio Vorwürfe, daß er ihren Ring weggeschenkt habe; und sie sagte, Nerissa habe ihr gezeigt, was von der Sache zu halten sei, und sie wisse recht gut, daß ein Weib den Ring jetzt besitze. Bassanio war sehr unglücklich, seine liebe Gemahlin so beleidigt zu haben, und er sagte sehr ernst: „Nein, auf Ehre! Kein Weib hat ihn, sondern ein hochgelehrter Doktor, der dreitausend Dukaten von mir ausschlug und um den Ring bat; als ich ihm denselben verweigerte, ging er mißvergnügt hinweg. Was konnte ich tun, süße Portia? Scham über meine scheinbare Undankbarkeit quälte mich so, daß ich mich gezwungen sah, ihm den Ring nachzusenden. Vergib mir, liebes Weib; wärst du dort gewesen, du würdest, denke ich, den Ring von mir erbeten haben, um ihn dem würdigen Doktor zu schenken."

„Ach," sprach Antonio, „ich bin der Unglücksgrund von diesem Zwist."

Portia bat Antonio, sich darüber nicht zu grämen, denn er sei nichtsdestoweniger willkommen; und darauf sprach Antonio: „Ich lieh einst meinen Leib hin, um seinetwillen, ohne ihn, der Eures Gatten Ring bekam, war ich verloren. Ich darf mich noch verbürgen, meine Seele zum Pfand, daß Euer Gemahl nimmermehr Euch die Treue brechen wird." „So seid denn Ihr sein Bürge," sagte Portia, „gebt ihm diesen Ring und heißt ihn denselben besser zu hüten als den anderen."

Als Bassanio diesen Ring ansah, war er erstaunt zu finden, daß dies derselbe war, den er weggegeben hatte; und nun erzählte Portia, daß sie der junge Anwalt und Nerissa ihr Schreiber gewesen sei; und Bassanio mußte zu seiner namenlosen Verwunderung und Freude erkennen, daß nur durch den edlen Mut und die Klugheit seines Weibes Antonios Leben gerettet sei.

Und Portia hieß von neuem Antonio willkommen, und gab ihm Briefe, die ihr zufällig in die Hände gefallen waren. In diesen war ein Bericht von Antonios Schiffen enthalten, daß sie, die man für verloren gehalten hatte, wohlbehalten in den Hafen eingelaufen seien. So ward der traurige Beginn der Geschichte dieses reichen Kaufmanns bald gänzlich vergessen, über dem unerwarteten Glück, das nachfolgte; und man hatte nun Zeit, über die drollige Begebenheit mit den Ringen zu lachen und über die Männer, die die eigenen Frauen nicht erkannt hatten. Gratiano aber schwor in einer Art von gereimter Rede:

> „Nein! Lebenslang hüte ich kein ander Ding
> Mit solchen Ängsten, als Nerissas Ring."

Macbeth

Zur Zeit, da Duncan der Wilde als König in Schottland herrschte, lebte dort ein großer Than* oder Lord namens Macbeth. Dieser war ein naher Verwandter des Königs und stand wegen seiner tapferen Führung im Krieg beim Hof in hoher Achtung. Ein Beispiel davon hatte er kürzlich gegeben, indem er ein Heer von Aufrührern, dem norwegische Truppen in furchtbaren Haufen Beistand leisteten, völlig aufs Haupt schlug.

Als die beiden schottischen Feldherren, Macbeth und Banquo, siegreich aus dieser großen Schlacht zurückkehrten, führte sie ihr Weg über eine gespenstische, öde Heide. Dort trat ihnen eine sonderbare Erscheinung entgegen. Es waren drei Gestalten wie Frauen, nur daß sie Bärte hatten, und ihre welke Haut und ihre wilde Tracht bewirkten, daß sie nicht Bewohnern dieser Erde glichen. Macbeth redete sie zuerst an. Aber sie, scheinbar beleidigt, legten jede den rissigen Finger zum Zeichen des Schweigens auf ihre faltigen Lippen. Die erste von ihnen begrüßte Macbeth mit dem Namen „Than von Glamis“. Der Feldherr war nicht wenig überrascht, daß er solchen Geschöpfen bekannt wäre; doch viel mehr noch war er bestürzt, als die zweite diesem Gruß folgte, indem sie ihm den Namen „Than von Cawdor“ beilegte, einen Ehrennamen, auf welchen er gar keinen Anspruch machen konnte; und die dritte hinwiederum begrüßte ihn mit den Worten: „Heil dir! Dem künftigen König Heil!“ Solch ein prophetischer Gruß mochte ihn wohl in Erstaunen setzen, denn er wußte, daß, solange des Königs Söhne lebten, er keine Hoffnung hätte, den

* Than (eig. Degen) war der altheimische Titel der schottischen Großen, die ein Lehen vom König trugen. (Anm. d. Übersetzers)

Thron zu besteigen. Dann wandten sie sich an Banquo und verkündeten in rätselhaften Worten, er werde kleiner als Macbeth und doch größer sein; nicht so glücklich, aber viel glücklicher. Und sie prophezeiten, daß er zwar nie regieren, aber daß seine Söhne nach ihm Könige von Schottland sein würden. Dann zerflossen sie in Luft und verschwanden, woran die Feldherren erkannten, daß sie Schicksalsschwestern oder Hexen wären.

Während sie noch dastanden, in Nachdenken über die Sonderbarkeit dieses Ereignisses versunken, kamen zuverlässige Boten vom König, welche die Vollmacht hatten, auf Macbeth die Würde eines Thans von Cawdor zu übertragen. Ein Erfolg, der so wunderbar mit der Voraussage der Hexen übereinstimmte, setzte Macbeth in Erstaunen, und er stand von Verwunderung überwältigt da, unfähig den Boten irgend etwas zu erwidern; und in diesem Augenblick stiegen in seiner Brust schwellende Hoffnungen auf, daß die Voraussage der dritten Hexe in gleicher Weise sich erfüllen und daß er einst als König über Schottland regieren würde.

Indem er sich an Banquo wandte, sprach er: „Hoffst du nicht, daß deine Kinder einst Könige sein werden, da ja das, was die Hexen mir versprachen, so wunderbar in Erfüllung gegangen ist?“ „Diese Hoffnung“, sagte der Feldherr, „könnte dich wohl entflammen, nach dem Thron zu trachten; aber oft sagen uns diese Diener der Finsternis die Wahrheit in unbedeutenden Dingen, um uns verräterisch zu Taten von der größten Wichtigkeit zu verlocken.“

Aber die bösen Einflüsterungen der Hexen waren Macbeth zu tief ins Herz gedrungen, als daß sie ihm gestattet hätten, auf die Warnungen des edlen Banquo zu achten. Von dieser Zeit an richteten sich alle seine Gedanken darauf, wie er den schottischen Thron in seine Gewalt bringen möchte.

Macbeth besaß eine Gemahlin, der er die sonderbare Weissagung der Schicksalsschwestern, wie sie zum Teil schon in Erfüllung gegangen wäre, mitteilte. Sie war ein böses, ehrgeiziges Weib, und sofern ihr Gemahl und sie selbst zur Macht gelangen konnten, kümmerte sie sich wenig darum, durch welche Mittel es geschähe. Sie stachelte den widerstrebenden Geist ihres Mannes, der beim Gedanken an Blut Gewissensangst fühlte, und ließ nicht ab, die Ermordung des Königs als einen durchaus notwendigen Schritt zur Erfüllung der ihrem Ehrgeiz schmeichelnden Prophezeiung darzustellen.

Es ereignete sich um diese Zeit, daß der König, welcher oft seinen vornehmsten Adel huldreich in königlicher Herablassung besuchte, in Macbeths Haus kam, begleitet von seinen zwei Söhnen, Malcolm und Donalbain, und einem zahlreichen Gefolge von Rittern und Dienern, um Macbeth desto mehr für seinen unvergleichlichen Kriegserfolg zu ehren.

Macbeths Schloß hatte eine prächtige Lage, und die Luft ringsumher war lieblich und heilsam. Das erkannte man so recht an den Nestern, welche die Schwalben unter allen Vorsprüngen, Friesen und Pfeilern des Gebäudes, wo sie nur einen vorteilhaften Platz fanden, gebaut hatten; denn man hat oft bemerkt, daß dort, wo diese Vögel am liebsten hecken und wohnen, die Luft am reinsten ist. Der König trat ein und war sehr befriedigt von der anmutigen Lage des Ortes und nicht minder von der ehrfurchtsvollen Aufmerksamkeit von seiten seiner edlen Wirtin, der Schloßherrin Macbeth. Sie verstand nämlich die Kunst, verräterische Pläne mit freundlichem Lächeln zu verdecken, und sie konnte harmlos wie die unschuldige Blume blicken, während sie in Wahrheit die unter derselben lauernde Schlange war.

Der König, welcher von seiner Reise sehr ermüdet war, ging früh zu Bett, und in seinem Prunkzimmer schliefen zwei Kämmerer der Sitte gemäß neben ihm. Er war ungewöhnlich befriedigt von seiner Aufnahme gewesen, und hatte, bevor er sich zur Ruhe begab, den vornehmsten Hausbedienten Geschenke gemacht; unter anderem hatte er der Schloßherrin einen kostbaren Diamanten gesandt und sie grüßen lassen als seine gütige Wirtin.

Jetzt war es Mitternacht, um die Zeit, wenn über der halben Erde die Natur tot scheint und böse Träume das schlafende Menschenherz beschleichen, und außer dem Wolf und dem Mörder kein Wesen draußen weilt. Um diese Zeit wachte die Schloßherrin, um die Ermordung des Königs zu planen. Sie würde nicht eine mit ihrem Geschlecht so unvereinbare Tat unternommen haben, wenn sie nicht ihres Gemahles Gemütsart gefürchtet hätte, daß diese zu sehr von der Milch menschlicher Güte getränkt wäre, als daß sie einen geplanten Mord ausführen könnte. Sie wußte, daß er ehrgeizig war, aber dabei zugänglich für Gewissensbedenken und noch nicht gestählt für ein so ungeheures Verbrechen, wie es gemeinhin ausschweifendem Ehrgeiz zuletzt sich gesellt. Sie hatte seine Zustimmung zum Mord gewonnen, aber sie zweifelte noch an seiner Entschlossenheit, und sie fürchtete, daß die natürliche Weichheit seines Gemütes, das menschlicher als ihr eigenes war, hindernd dazwischen treten und den Vorsatz umstoßen könnte. So näherte sie sich mit ihrer eigenen dolchbewaffneten Hand dem Bett des Königs; sie hatte vorher Sorge getragen, den Kämmerern so mit Wein zuzusetzen, daß sie trunken und unbekümmert um die Pflichten ihres Amtes schliefen. Da lag Duncan nach den Anstrengungen seiner Reise in einem gesunden Schlaf; und wie sie ihn mit Aufmerksamkeit betrachtete, war in dem Antlitz des Schlafenden etwas, das ihrem eigenen Vater glich – und sie hatte nicht den Mut, weiter vorzugehen.

Sie kehrte wieder um, sich mit ihrem Gemahl zu beraten. Er war in seinem Entschluß wankend geworden. Er erwog, daß starke Gründe gegen die Tat sprächen. Erstens war er nicht nur ein Untertan, sondern ein naher Verwandter des Königs, und heute war er sein Wirt und Gastgeber gewesen, dessen Pflicht nach den Gesetzen der Gastfreundschaft es war, das Tor gegen seine Mörder zu schließen, nicht selber das Messer zu führen. Dann erwog er, ein wie gerechter und gnadenvoller König dieser Duncan gewesen wäre, wie rein von Kränkung seiner Untertanen, wie liebevoll gegen seinen Adel und vorzugsweise gegen ihn; solche Könige stünden unter der besonderen Obhut des Himmels und ihre

Untertanen seien doppelt verpflichtet, ihren Tod zu rächen. Außerdem stand Macbeth, durch die Gnadenbeweise des Königs, hoch in der Achtung von Leuten aller Art; wie würde die Ehre befleckt werden; wenn man ihm einen so schmählichen Mord nachsage!

In diesen Seelenkämpfen fand die Schloßherrin ihren Gemahl, er neigte sich der besseren Seite zu und wollte nicht weiter vorgehen. Aber da sie ein Weib war, das sich nicht leicht von ihrem bösen Vorhaben zurückschrecken ließ, begann sie ihm Worte ins Ohr zu gießen, die einen Teil ihres eigenen Geistes in seine Seele flößten; sie brachte Grund auf Grund vor, warum er nicht von dem zurückschrecken dürfe, was er zu unternehmen habe: Wie leicht die Tat wäre, wie schnell überstanden, und wie das kühne Handeln einer einzigen kurzen Nacht allen ihren zukünftigen Tagen und Nächten unumschränkte Macht und königliches Ansehen verleihen würde. Dann warf sie verächtlichen Hohn auf seinen Wankelmut und warf ihm Unbeständigkeit und Zaghaftigkeit vor; sie habe gesäugt und wisse, wie süß es sei, das Kind zu lieben, das sie tränke, aber sie würde, während es ihr entgegenlächelte, es von ihrer Brust gerissen und sein Gehirn zerschmettert haben, wenn sie so feierlich es zu tun geschworen hätte, wie er geschworen habe, diesen Mord zu vollbringen. Dann zeigte sie, wie leicht es wäre, die Schuld der Tat auf die trunkenen schlafenden Kämmerer zu wälzen. Und mit ihrer tapferen Zunge geißelte sie derartig seinen trägen Entschluß, daß er noch einmal seinen Mut zu der blutigen Tat aufbot.

So nahm er den Dolch in die Hand und schlich sich im Finstern leise zu dem Gemach, wo Duncan lag; und im Gehen deuchte es ihm, er sähe einen anderen Dolch in der Luft, den Griff ihm zugekehrt, und an der Klinge und an der Spitze Blutstropfen, aber als er versuchte, ihn zu ergreifen, war es nichts als Luft, ein bloßes Erzeugnis der Einbildungskraft, ein Blendwerk seines eigenen erhitzten und gequälten Hirns und der Tat, die er vorhatte.

Nachdem er diese Furcht gemeistert hatte, betrat er des Königs Gemach und tat ihn ab, mit einem einzigen Stoß seines Dolches. Als er eben den Mord vollbracht hatte, lachte einer der Kämmerer, die im Nebenzimmer schliefen, in Träumen auf, und der andere schrie „Mord!“ wovon sie beide erwachten; aber sie sagten ein kurzes Gebet. Der eine von ihnen sprach: „Gott gebe uns seinen Segen!“ und der andere: „Amen!“ dann schliefen sie wieder ein. Macbeth, der nach ihnen horchte, versuchte zu sagen: „Amen!“ als er das Wort „Gott gebe uns seinen Segen!“ hörte, aber obgleich er am meisten eines Segens bedurfte, stockte ihm doch das Wort in der Kehle, und er konnte es nicht aussprechen.

Wieder deuchte es ihm, als höre er eine Stimme, welche schrie: „Schlaft nicht mehr, Macbeth mordet den Schlaf, den unschuldigen Schlaf, der das Leben nährt.“ Stets rief es. „Schlaft nicht mehr!“ durchs ganze Haus. „Glamis hat den Schlaf gemordet, und darum wird Cawdor nicht mehr schlafen, Macbeth nicht mehr schlafen.“

Von solchen furchtbaren Bildern geängstigt, kehrte Macbeth zu seiner horchenden Gemahlin zurück. Sie begann zu glauben, er habe sein Vorhaben verfehlt, und die Tat sei irgendwie vereitelt. Er war in einem so verstörten Zustand gekommen, daß sie ihm seinen Mangel an Festigkeit vorwarf und ihn wegschickte, von seinen Händen das Blut abzuwaschen, das sie befleckte. Indessen nahm sie seinen Dolch, um die Wangen der Kämmerer mit Blut zu beschmieren, damit sie als die Schuldigen erschienen.

Der Morgen kam, und mit ihm die Entdeckung des Mordes, der nicht verheimlicht werden konnte; und obgleich Macbeth und seine Gemahlin ihren Schmerz zur Schau trugen, und die Beweise gegen die Kämmerer – der Dolch und ihre blutbeschmierten Gesichter – hinreichend stark waren, so fiel doch der ganze Verdacht auf Macbeth, dessen Beweggründe zu solcher Tat bei weitem wirksamer erscheinen mußten, als sie bei solchen armen einfältigen Kämmerern vorausgesetzt werden konnten; und Duncans Söhne begaben sich auf die

Flucht. Malcolm, der ältere, suchte Schutz am englischen Hof, und der jüngere, Donalbain, entkam nach Irland.

Da so des Königs Söhne, die ihm in der Regierung hätten nachfolgen sollen, den Thron leer gelassen hatten, ward Macbeth als nächster Erbe zum König gekrönt, und so war die Weissagung der Schicksalsschwestern buchstäblich erfüllt.

Obgleich so hoch gestellt, konnten Macbeth und seine Gemahlin doch nicht die andere Prophezeiung der Schicksalsschwestern vergessen, daß Macbeth zwar König werden sollte, aber nach ihm nicht seine Söhne, sondern die Söhne Banquos die Krone tragen würden. Der Gedanke daran, und daß sie ihre Hände mit Blut besudelt und so große Verbrechen verübt hätten, bloß um Banquos Nachkommenschaft auf den Thron zu bringen, peinigte sie innerlich so, daß sie beschlossen, sowohl Banquo wie seinen Sohn zu ermorden, um die Weissagungen der Schicksalsschwestern, die sich in ihrem eigenen Fall in so bemerkenswerter Art erfüllt hatten, in Bezug auf jene zu vereiteln.

Zu diesem Zweck gaben sie ein großes Abendfest, zu welchem sie alle vornehmsten Thane luden, unter ihnen auch in Ausdrücken besonderer Hochachtung Banquo und seinen Sohn Fleance.

Der Weg, längs welchem Banquo gegen Abend in den Palast kommen mußte, war von Mördern, die Macbeth angestiftet hatte, besetzt; diese stachen Banquo nieder, aber Fleance entkam im Handgemenge. Von diesem Fleance stammte jene Reihe von Königen, die später den schottischen Thron einnahmen und mit Jakob dem Sechsten von Schottland und dem Ersten von England, endigten, eben jenem Jakob, unter dem die beiden Kronen von England und Schottland vereinigt wurden.

Bei dem Abendfest machte die Königin, deren Benehmen im höchsten Grad zugleich leutselig und königlich war, die liebenswürdige Wirtin mit einer Anmut und verbindlichen Aufmerksamkeit, die jeden der geladenen Gäste gewann; und Macbeth unterhielt sich ungezwungen mit seinen Thanen und Adligen. Er äußerte, daß alles, was in der Gegend vornehm und erlaucht wäre, sich unter seinem Dach befände, wenn nur sein guter Freund Banquo sich einstellte; doch sprach er die Hoffnung aus, daß er eine Vergeßlichkeit vielmehr zu tadeln, als einen Unfall zu beklagen haben würde. Gerade bei diesen Worten trat der Geist Banquos, den er hatte ermorden lassen, in den Saal und setzte sich auf den Stuhl, den Macbeth einzunehmen im Begriff war. Macbeth war ein kühner Mann, der dem Teufel selber ohne Zittern ins Angesicht hätte schauen können, aber bei diesem furchtbaren Anblick wurden vor Entsetzen seine Wangen fahl, und er stand völlig fassungslos, die Augen fest auf den Geist gerichtet. Seine Gemahlin und alle die Adligen, welche nichts gewahrten, ihn aber auf einen vermeintlich leeren Stuhl hinstieren sahen, nahmen dies für einen Anfall von Wahnsinn, und sie machte ihm Vorwürfe, ihm zuraunend, daß dies dieselbe Wahnvorstellung sei, die ihn den Dolch in der Luft habe erblicken lassen, als er im Begriff gewesen sei, Duncan zu töten. Aber Macbeth sah fortwährend den Geist und gab nicht acht auf alles, was sie sagen mochte, und redete das unsichtbare Wesen mit irrsinnigen, aber so bezeichnenden Worten an, daß seine Gemahlin, aus Furcht, das schreckliche Geheimnis möge enthüllt werden, in großer Hast die Gäste fortzugehen bat, indem sie die Krankheit Macbeths als eine Geistesstörung entschuldigte, die ihn öfter befalle.

Solchen schrecklichen Einbildungen war Macbeth unterworfen. Seiner Gemahlin und ihm selbst ward der Schlaf von entsetzlichen Träumen heimgesucht, und nicht weniger als Banquos Blut beunruhigte sie das Entkommen Fleances, auf den sie nun als auf den Stammvater einer Reihe von Königen sahen, die ihre Nachkommenschaft vom Thron ausschließen würden. Bei diesen quälenden Gedanken fanden sie keine Ruhe, und Macbeth beschloß noch einmal die Schicksalsschwestern aufzusuchen und von ihnen mehr, wäre es auch das Schlimmste, zu erfahren.

Er suchte sie in einer Höhle auf offener Heide auf, wo sie, die durch ihre Voraussicht von seinem Kommen wußten, beschäftigt waren, ihren schrecklichen Zauber zu bereiten, durch den sie höllische Geister heraufbeschworen, ihnen die Zukunft zu enthüllen. Die Zutaten zu ihrer gräßlichen Mischung waren Kröten, Fledermäuse und Schlangen, Molchsaugen und Hundezungen, Eidechsenschenkel und Nachteulenflügel, Drachenschuppen, Wolfszahn, gefräßigen Haifisches Magen, Hexenmumie, giftigen Schierlings Wurzel (die, um zu wirken, im Dunkeln ausgegraben sein muß), Ziegengalle und Judenleber, mit Reisern des Eibenbaumes, der sich von selbst auf Gräbern sät, auch Finger toter Kinder; alle diese Zutaten wurden zum Sieden in einem großen Kessel angesetzt, welcher, sobald er überkochen wollte, mit Paviansblut gekühlt ward; dahinein gossen sie dann das Blut einer Sau, die ihre Jungen gefressen hatte, und sie warfen das Fett in die Flammen, das ein Mördergalgen ausgeschwitzt hatte. Durch diese Zaubermittel zwangen sie die höllischen Geister, auf ihre Fragen zu antworten.

Sie legten Macbeth vor, ob sie selbst seine Zweifel lösen sollten, oder ob er sie lieber von ihren Gebietern, den Geistern, gelöst sähe. Er, keineswegs erschreckt durch die furchtbaren Beschwörungen, die er gesehen hatte, antwortete kühn: „Wo sind sie? Laßt mich sie sehen." Und sie riefen die Geister, deren drei waren. Und der erste stieg empor, einem behelmten Haupt gleichend, und er nannte Macbeth beim Namen und hieß ihn auf der Hut sein vor dem Than von Fife. Für diese Warnung dankte Macbeth ihm, denn in seiner Seele glomm Eifersucht auf Macduff, den Than von Fife.

Und der zweite Geist stieg auf, einem blutigen Kind gleichend, und er nannte Macbeth beim Namen und hieß ihn furchtlos sein und verächtlich lachen über Menschenmacht, denn kein vom Weib Geborener würde Macht haben, ihn zu kränken; und er riet ihm, blutig, kühn und frech zu sein. „Dann lebe, Macduff!" rief der König. „Was brauche ich dich zu fürchten? Und doch, ich will die Sicherheit doppelt sicher machen. Du sollst nicht leben, damit ich der bleichen Furcht sagen kann, daß sie lügt, und damit ich trotz dem Donner schlafen kann."

Als dieser Geist entlassen war, stieg ein dritter in Gestalt eines gekrönten Kindes auf, mit einem Zweig in der Hand. Er nannte Macbeth beim Namen und er redete tröstlichen Zuspruch, wenn auch Verräter drohten; nie werde er besiegt werden, bis der Wald von Birnam feindlich gegen ihn heranstiege zu Dunsinans Hügel. „Ha, entzückende Vorzeichen!" rief Macbeth. „Wer kann den Wald vom Boden lösen und ihn von seinen erdgebundenen Wurzeln bewegen? Ich sehe, daß ich das gewöhnliche Maß eines Menschenlebens ausleben werde, und daß kein gewaltsamer Tod die mir gesetzte Frist abschneiden kann. Aber mein Herz klopft, noch eins zu erfahren. Sagt mir, wenn eure Kunst so viel zu sagen vermag, ob Banquos Same jemals in diesem Reich regieren wird." Da versank der Kessel in den Grund, und Musik ertönte, und acht Schatten, die Königen glichen, zogen an Macbeth vorüber, und Banquo trug als letzter einen Spiegel, welcher die Gestalten noch vieler zeigte, und Banquo, noch ganz blutig, winkte lächelnd gegen Macbeth und deutete auf sie hin als auf die Seinen. Daran sah Macbeth, daß diese die Nachkommen Banquos wären, die nach ihm in Schottland regieren würden. Und unter den Klängen einer sanften Musik tanzend verschwanden die Hexen, indem sie sich vor Macbeth verneigten und ihm huldigten. Und von diesem Augenblick an waren Macbeths Gedanken ganz blutig und schrecklich.

Das erste, was er vernahm, als er die Hexenhöhle verlassen hatte, war, daß Macduff, Than von Fife, sich nach England geflüchtet habe, um sich dem Heer anzuschließen, das sich eben unter Malcolm, dem ältesten Sohn des verstorbenen Königs, wider ihn sammelte, um Macbeth zu vertreiben und Malcolm, den gesetzlichen Erben, auf den Thron zu setzen. Macbeth, von unbändiger Wut ergriffen, fiel über Macduffs Schloß her und metzelte sein Weib und seine Kinder, die der Than daheim gelassen hatte, nieder und verschonte mit dem Schwert niemanden, der auch nur im geringsten mit Macduff verwandt war.

Durch diese und ähnliche Taten wurden ihm die Herzen aller vornehmsten Adligen entfremdet. Wer irgend konnte, flüchtete sich, um sich Malcolm und Macduff anzuschließen, die jetzt mit einem mächtigen, in England gerüsteten Heer herannahten; und die übrigen wünschten insgeheim Malcolms Waffen Erfolg, obgleich sie aus Furcht vor Macbeth nicht tätigen Anteil am Krieg nehmen konnten. Seine neu ausgehobenen Truppen rückten nur langsam heran. Jeder haßte den Tyrannen; niemand liebte, niemand ehrte ihn, alle lauerten argwöhnisch auf sein Tun, und er begann den von ihm gemordeten Duncan zu beneiden, der jetzt so fest in seinem Grab schlief, obwohl Verrat die schlimmsten Verbrechen an ihm verübt hatte. Weder Stahl noch Gift, weder häusliche Bosheit noch fremde Heerscharen konnten ihm noch ein Leid antun.

Während dieser Vorgänge starb die Königin, welche die einzige Teilnehmerin seiner Verruchtheit gewesen war. An ihrem Busen hatte er doch noch vor diesen entsetzlichen Träumen augenblickliche Ruhe finden können, welche sie beide nächtlich quälten. Sie starb vermutlich durch ihre eigene Hand, unfähig ihre Gewissensbisse und den allgemeinen Haß zu ertragen. Dadurch war er völlig allein gelassen, ohne eine Seele, die ihn hätte lieben oder um ihn sorgen können, ohne einen Freund, dem er seine ruchlosen Pläne hätte anvertrauen dürfen.

Er ward des Lebens überdrüssig und wünschte sich den Tod; aber das Herannahen von Malcolms Heer erweckte den schlummernden Rest seines alten Mutes, und er beschloß zu sterben, „mit dem Harnisch gepanzert", wie er sich ausdrückte. Zudem hatten die hohlen Versprechungen der Hexen ihn mit falscher Zuversicht erfüllt und er erinnerte sich der Aussprüche der Geister, daß kein vom Weib Geborener imstande sei, ihn zu verwunden, und daß er nie besiegt werden könne, bis der Birnamwald auf Dunsinan anrücke, was doch nie geschehen könne. So schloß er sich in seiner Burg ein, deren unbezwingbare Stärke wohl einer Belagerung trotzen konnte. Hier erwartete er düster das Erscheinen Malcolms. Da trat eines Tages ein Bote vor ihn, blaß und vor Furcht zitternd, fast unfähig zu berichten, was er gesehen hätte. Denn er meldete, daß, als er auf dem Hügel Wache gestanden, er nach Birnam hingeschaut und seines Bedenkens der Wald angefangen habe sich vorwärts zu bewegen. „Lügner und Sklave!" schrie Macbeth. „Sprichst du falsch, sollst du am nächsten Baum lebendig hängen, bis Hunger dich verschrumpft hat, sprichst du wahr, magst du mir meinethalben dasselbe tun." Denn Macbeth begann jetzt in seiner Entschlossenheit zu wanken, und er zweifelte mehr und mehr an den doppelsinnigen Aussprüchen der Geister. Er hatte nichts zu fürchten, bis Birnams Wald anrücke gegen Dunsinan, aber nun bewegte der Wald sich wirklich! „Indessen," rief er, „wenn seine Meldung wahr ist, wohlan denn, gerüstet und hinaus! Von hier gibt's kein Fliehen mehr, kein Bleiben mehr. Ich beginne, der Sonne müde zu werden und das Ende meines Lebens heranzusehnen." Mit diesen verzweiflungsvollen Worten machte er einen Ausfall auf die Belagerer, die jetzt vor die Burg heraufgerückt waren.

Die sonderbare Erscheinung, die im Boten den Gedanken eines sich bewegenden Waldes hervorgerufen hatte, läßt sich leicht erklären. Als das Belagerungsheer durch den Wald von Birnam zog, wies Malcolm als anschlägiger Feldherr seine Krieger an, daß jeder sich einen Zweig abhauen und vor sich tragen solle; so dachte er die wirkliche Stärke seines Heeres zu verschleiern. Dieser Zug der zweigbehangenen Soldaten brachte in einiger Entfernung jenen Anschein hervor, der den Boten erschreckte. So waren die Worte des Geistes in Erfüllung gegangen, aber in einem anderen Sinn, als in welchem Macbeth sie verstanden hatte, und damit war eine große Stütze seiner Zuversicht dahin.

Und nun fand ein grimmiger Kampf statt, in welchem Macbeth zwar schwach von denen unterstützt ward, die sich seine Freunde nannten, in Wirklichkeit aber den Tyrannen haßten und zu der Seite Malcolms und Macduffs sich hinneigten, aber er selbst focht mit äußerster Wut und Tapferkeit; alles, was sich ihm widersetzte, hieb er in Stücke, bis er an die Stelle kam, wo Macduff kämpfte. Bei diesem Anblick erinnerte er sich der Warnung des Geistes, der ihm geraten hatte, Macduff mehr als alle anderen zu meiden, und er wäre gern umgekehrt, aber Macduff, der ihn während des ganzen Gefechtes gesucht hatte, begegnete seiner Umkehr, und ein wilder Kampf erfolgte, wobei Macduff ihm manches böse Wort über die Ermordung seines Weibes und seiner Kinder zurief. Macbeth, dessen Seele schon übergenug mit dem Blut dieser Familie beladen war, würde noch den Kampf vermieden haben, aber Macduff ließ nicht ab, ihn dahin zu drängen: Er schleuderte gegen ihn Namen, wie Tyrann, Mörder, Höllenhund und Schurke.

Da erinnerte sich Macbeth der Worte des Geistes, daß kein vom Weib Geborener ihn verwunden könne; und zuversichtlich auflachend sprach er zu Macduff: „Verlorene Müh, Macduff! So leicht magst du die Luft mit deinem Schwert durchhauen als mich verletzen. Mein Leben ist gefeit, es wird nicht erliegen einem vom Weib Geborenen."

„Dann verzweifle an deinen Zauberkünsten," rief Macduff, „und laß den Lügengeist, dem du von je gedient hast, dir sagen, daß Macduff nicht vom Weib geboren ward, nicht wie gewöhnlich Menschen geboren werden, sondern daß er vor der Zeit seiner Mutter entnommen ist."

„Verflucht die Zunge, die mir dies verkündet!" schrie der zitternde Macbeth – er fühlte, wie die letzte Stütze seiner Zuversicht zusammenbrach – „und keiner traue in Zukunft den lügnerischen Zweideutigkeiten von Hexen und gaukelnden Geistern, die uns in doppelsinnigen Worten betrügen; während sie buchstäblich ihr Versprechen halten, äffen sie unsere Hoffnung mit anderem Sinn ihrer Verheißung. Geh, mit dir kämpfe ich nicht."

„Dann ergib dich, Memme," rief höhnend Macduff, „wir werden dich als Wunderschauspiel ausstellen, wie man Ungeheuer zeigt, mit einem gemalten Schild, auf dem die Worte stehen: Hier zeigt man den Tyrannen!"

„Niemals!" schrie Macbeth, dem der Mut mit der Verzweiflung wiederkehrte. „Ich will nicht leben, um den Boden zu küssen vor des Knaben Malcolm Fuß und um gehetzt zu werden von des Pöbels Flüchen. Mag Birnams Wald anrücken gegen Dunsinan, magst du dich mir auch entgegenstellen, du nie vom Weib Geborener, doch will ich noch das letzte versuchen." Mit diesen wahnwitzigen Worten warf er sich auf Macduff, der nach einem schweren Kampf ihn endlich überwand. Er schnitt ihm das Haupt ab und schenkte es dem jungen gesetzmäßigen König Malcolm. Dieser trat nunmehr die Regierung an, deren er durch die Ränke des Thronräubers so lange beraubt gewesen war, und setzte sich die Krone Duncans des Milden unter dem Jubel des Adels und des Volkes aufs Haupt.

Der Widerspenstigen Zähmung

Katharina, die Widerspenstige, war die älteste Tochter Baptistas, eines reichen Edelmannes in Padua. Sie war eine Jungfrau von so unlenksamem Geist und so hitziger Gemütsart, und ihre Zunge war zu so lautem Widerspruch geneigt, daß sie in Padua nur unter dem Namen „Katharina die Widerspenstige" bekannt war. Es war höchst unwahrscheinlich, ja es schien in der Tat unmöglich, daß sich je ein Mann finden würde, der es wagte, dies Mädchen zu heiraten, und deswegen tadelte man Baptista sehr, daß er zögerte, seine Zustimmung zu vielen glänzenden Anträgen zu geben, die ihrer liebenswürdigen Schwester Bianca gemacht wurden; denn er wies alle Bewerber Biancas mit der Entschuldigung ab, daß, wenn er erst die ältere Schwester in Ehren los wäre, sie dann volle Freiheit haben sollten, sich an die junge Bianca zu wenden.

Es ereignete sich trotzdem, daß ein Edelmann namens Petruchio nach Padua kam, in der Absicht sich nach einer Gemahlin umzusehen, und daß dieser, durchaus nicht entmutigt durch jene Berichte von Katharinas Gemütsart, auf die Kunde von ihrem Reichtum und ihrer Schönheit sich rasch entschloß, diesen vielbesprochenen Widerspruchsgeist zu heiraten und Katharina so zu zähmen, daß sie ein sanftes und verträgliches Weib würde. Und sicherlich war keiner so geeignet, mit dieser Herkulesarbeit fertig zu werden wie Petruchio; denn er besaß einen ebenso stolzen Geist wie Katharina, und er war ein witziger und überaus glücklich angelegter Mann von heiterster Laune, außerdem aber so klug und von so treffendem Urteil, daß er sich wohl darauf verstand, sich leidenschaftlich und höchst aufgeregt zu stellen, während er innerlich so ruhig war, daß er selbst über seinen eigenen vorgeblichen Zorn lustig hätte lachen können, denn seine natürliche Gemütsart war sorglos und behaglich-zufrieden. Die ungestüm polternde Weise, die er annahm, als er Katharinas Gatte ward, war nur aus Scherz hervorgegangen, oder, wenn man es richtiger ausdrückt, aus Verstellung, die ihm sein überaus kluger Verstand eingab, denn er sah darin das einzige Mittel, das leidenschaftliche Gebaren der heftigen Katharina in ihrer eigenen Art zu übertrumpfen.

Als Freier kam also Petruchio zu Katharina der Widerspenstigen, und vor allem wandte er sich zuerst an Baptista, ihren Vater, und er bat um die Erlaubnis, werben zu dürfen, um seine liebenswürdige Tochter Katharina, wie Petruchio sie nannte. Er sagte mit mutwilligem Scherz, daß er von ihrer Schüchternheit und Bescheidenheit und ihrem sanften Benehmen gehört habe, und daß er deshalb von Verona gekommen sei, um ihre Liebe zu werben. Ihr Vater wünschte zwar, sie verheiratet zu sehen, fühlte sich aber doch zu dem Bekenntnis gezwungen, daß Katharina der von ihm entworfenen Zeichnung übel entsprechen würde. Denn bald trat deutlich hervor, aus welcher Art von Liebenswürdigkeit sie bestand: Ihr Musiklehrer stürmte ins Zimmer, um sich zu beklagen, daß die liebenswürdige Katharina, seine Schülerin, mit der Laute seinen Kopf zerschlagen habe, weil er sich erkühnt, in ihrer musikalischen Leistung Fehler zu finden. Als das Petruchio hörte, sprach er: „Das ist ein Prachtmädel, ich liebe sie mehr als je, und sehne mich danach, ein bißchen mit ihr zu plaudern“, und um den alten Mann zu einer bestimmten Antwort zu drängen, fügte er hinzu: „Mein Geschäft hat Eile, Signor Baptista, ich kann nicht jeden Tag als Freier kommen. Ihr kanntet meinen Vater. Er ist tot und hat mich als Erben aller seiner Ländereien und Güter hinterlassen. Also sagt mir: Wenn ich Eurer Tochter Liebe gewinne, welch eine Mitgift bringt sie mir ins Haus?“ Baptista dachte, dies Auftreten sei ein bißchen derb für einen Freier; aber da er froh war, Katharina verheiratet zu sehen, gab er zur Antwort, daß er ihr zwanzigtausend Kronen zur Ausstattung und nach seinem Tod die Hälfte seines Vermögens geben würde. So fand dieser wunderliche Handel bald beiderseitige Zustimmung, und Baptista ging hin, seine widerspenstige Tochter von der Bewerbung ihres Liebhabers in Kenntnis zu setzen, und schickte sie hinein zu Petruchio, um sein Gesuch anzuhören.

Inzwischen überlegte Petruchio bei sich, auf welche Weise seine Bewerbung anzustellen sei; und er sagte: „Wenn sie kommt, will ich sie etwas feurig freien. Wenn sie mit mir zankt, ei, da will ich ihr sagen, daß sie süß und lieblich singt wie die Nachtigall; und wenn sie düster blickt, da wird es heißen, sie schaue so klar, wie Morgenrosen, frisch vom Tau gewaschen. Und bleibt sie stumm und spricht kein einziges Wort, so preise ich die Beredsamkeit ihrer Zunge; sagt sie, ich solle mich packen, danke ich ihr, als bäte sie mich, wochenlang zu bleiben." Jetzt trat die stattliche Katharina herein, und Petruchio redete sie zuerst an mit den Worten: „Guten Morgen, Käthe, denn so heißt Ihr, höre ich." Katharina gefiel diese vertrauliche Begrüßung nicht, und so etwas von oben herab sagte sie: „Wer zu mir spricht, nennt mich sonst Katharina." „Ihr lügt," erwiderte der Freier, „denn Ihr werdet schlichtweg Käthe genannt, und schmucke Käthe, und zuweilen auch Käthe, die Widerspenstige; aber Käthe, Ihr seid die niedlichste Käthe der ganzen Christenheit, und darum, Käthe, weil ich Eure Sanftmut in jeder Stadt preisen höre, so bin ich gekommen, um Euch zu werben."

Das war denn eine recht sonderbare Weise zu freien. Sie bewies ihm in lauten und zornigen Ausdrücken, mit welchem Recht sie den Beinamen der Widerspenstigen bekommen hätte, während er noch immer ihre süßen und höflichen Worte pries. Endlich, da er ihren Vater kommen hörte, sagte er, in der Absicht so schnell wie möglich mit seiner Werbung zustande zu kommen: „Süße Katharina, laß uns dieses unnütze Geplauder abbrechen, denn dein Vater hat eingewilligt, daß du mein Weib werden sollst, deine Mitgift ist fest bestimmt, und ob du nun willst oder nicht, ich werde dich heiraten."

Und als nun Baptista eintrat, erzählte Petruchio ihm, seine Tochter hätte ihn gütig aufgenommen und sie hätte versprochen, sich nächsten Sonntag mit ihm zu verheiraten. Das bestritt Katharina; sie sagte, sie wolle ihn lieber am Sonntag gehängt sehen, und ihrem Vater machte sie Vorwürfe, daß er ihre Vermählung mit solchem halbtollen Grobian wie Petruchio gewünscht habe. Petruchio jedoch bat ihren Vater, ihre zornigen Worte nicht zu beachten, denn sie seien übereingekommen, daß sie in seiner Gegenwart noch etwas widerspenstig scheinen solle, aber als sie allein gewesen wären, da hätte er sie höchst zärtlich und liebevoll gefunden; und er sagte zu ihr: „Gib mir deine Hand, Käthe, ich reise nach Venedig, um für unseren Hochzeitstag dir einen schönen Brautstaat zu kaufen. Bereitet das Fest vor, lieber Vater, und bittet die Hochzeitsgäste. Ich stehe dafür ein, daß ich Ringe, hübschen Schmuck und reiche Kleider mitbringe, damit meine Katharina möglichst schön aussehe. Und nun küsse mich, Käthe, denn Sonntag wollen wir Hochzeit geben."

Am Sonntag waren alle Hochzeitsgäste versammelt, aber sie warteten lange, bis Petruchio kam, und Katharina weinte vor Ärger bei dem Gedanken, daß Petruchio bloß einen Spaß mit ihr hätte treiben wollen. Indessen erschien er endlich, aber er brachte nichts von dem Brautschmuck mit, den er Katharina versprochen hatte. Auch war er selber nicht wie ein Bräutigam gekleidet, sondern er trat in einem sonderbaren, unordentlichen Anzug auf, als ob er vorhätte, sich einen Scherz aus der ernsten Handlung zu machen, um derentwillen er käme; und sein Diener und selbst die Pferde, auf denen sie geritten waren, befanden sich in gleicher Art in einem elenden und seltsamen Aufzug.

Man konnte Petruchio nicht dahin bringen, seine Kleider zu wechseln; er sagte, Katharina solle sich ja mit ihm verheiraten und nicht mit seinem Anzug; und da man sah, daß es vergeblich sei, mit ihm zu streiten, so ging man zur Kirche. Doch verharrte er noch immer in derselben verrückten Art. Denn als der Priester Petruchio fragte, ob er Katharina zum Weib haben wolle, beschwor er das mit so lauter Stimme, daß der Priester ganz erschrocken sein Buch fallen ließ, und als er sich bückte, um es aufzunehmen, gab ihm der hirntolle Bräutigam einen solchen Stoß, daß der Priester niederfiel und sein Buch zum zweiten Mal. Und die ganze Zeit während der Trauung stampfte er mit dem Fuß und fluchte, so daß die sonst so stolze Katharina vor Angst zitterte. Und als die Feierlichkeit vorüber war, sie sich aber noch in der Kirche befanden, rief er nach Wein und trank der Gesellschaft laut eine Gesundheit zu und warf einen Schluck, der noch am Grunde des Glases war, dem Küster ins Gesicht, indem er für dieses seltsame Gebaren keinen anderen Grund angab, als daß der Bart des Küsters dünn und hungrig aussähe und während seines Trinkens um den Schluck zu betteln schiene. Sicherlich gab es nie eine so tolle Hochzeit; aber Petruchio gab sich nur den Anschein dieser Verrücktheit, um desto besseren Erfolg in seinem Plan zu haben, sein widerspenstiges Weib zu zähmen.

Baptista hatte für ein köstliches Hochzeitsmahl gesorgt; aber als sie von der Kirche zurückgekehrt waren, machte Petruchio sein Recht auf Katharina geltend und erklärte seinen Willen, augenblicklich sein Weib nach Hause zu führen. Und keine Vorstellungen seines Schwiegervaters, keine zornigen Worte der erbosten Katharina konnten ihn in seinem Vorsatz wankend machen; er nahm des Ehemannes Recht in Anspruch, über sein Weib nach Gefallen zu verfügen, und flugs brach er mit Katharina auf. Er schien so unternehmend und entschlossen, daß niemand den Versuch wagte, ihn aufzuhalten.

Petruchio ließ sein Weib ein elendes, mageres und hageres Pferd besteigen, das er für diesen Zweck auserlesen hatte; er selbst und sein Diener ritten nicht besser. Sie reisten auf holprigen und kotigen Wegen, und jedesmal, wenn Katharinas Pferd stolperte, wetterte und fluchte er auf den armen abgetriebenen

Gaul, der unter seiner Last kaum fortkriechen konnte; er tat, als wäre er der leidenschaftlichste Mann, den es geben könnte.

Endlich, nach einer ermüdenden Tagesreise, auf welcher Katharina nichts anderes gehört hatte als das wilde Toben Petruchios gegen die Diener und die Pferde, langten sie bei seiner Wohnung an. Petruchio bewillkommnete sie zärtlich in ihrem Heim, aber er beschloß, sie solle diese Nacht weder Ruhe noch Essen haben. Die Tische waren gedeckt und bald auch die Abendmahlzeit aufgetragen, aber Petruchio tat, als ob er an jedem Gericht etwas zu tadeln fände, warf die Speisen auf den Fußboden umher und befahl den Dienern, sie wegzuräumen. Und alles dies tat er, wie er sagte, aus Liebe für seine Katharina; sie sollte nichts essen, das nicht gut angerichtet wäre. Und als Katharina, hungrig und müde, sich zur Ruhe begab, fand er ebenso am Bett allerlei auszusetzen und warf die Kissen und Bettücher im Zimmer umher, so daß sie gezwungen war, sich in einen Stuhl zu setzen. Aber auch hier ward sie, wenn sie einmal einschlummern wollte, augenblicklich erweckt durch die laute Stimme des Herrn Gemahls, der über die Diener wetterte, daß sie seines Weibes Brautbett so schlecht bereitet hätten.

Am nächsten Tag hielt Petruchio dasselbe Verfahren ein: Er sprach noch immer liebevoll mit Katharina, aber als sie zu essen versuchte, fand er an allem, was ihr vorgesetzt ward, etwas zu tadeln und warf das Frühstück auf den Fußboden, wie er es mit dem Abendessen gemacht hatte; und Katharina, die stolze Katharina, war froh, die Diener bitten zu können, daß sie ihr heimlich etwas zu essen bringen möchten, aber auf Petruchios Anweisung erwiderten sie, ohne Vorwissen ihres Herrn dürften sie ihr nichts geben. „Ach," rief sie aus, „ward ich sein Weib, daß er mich hungern läßt? Bettler, die an meines Vaters Tür kommen, erhalten eine Gabe. Doch ich, die nie gewußt, was Bitten sei, ich sterbe aus Hunger, bin vor Wachen schwindlig, durch Fluchen wach, durch Zanken satt gemacht; und was mich mehr noch kränkt als alles dies, er tut es unter dem Schein der zartesten Liebe, behauptet, wenn ich schliefe, wenn ich äße, so würde es augenblicklich tödlich sein."

Dies Selbstgespräch ward durch den Eintritt Petruchios unterbrochen. Er hatte, da er ja nicht beabsichtigte, sie ganz verkommen zu lassen, ihr ein kärgliches Mahl gebracht und sagte zu ihr: „Nun, wie geht's meiner süßen Käthe? Hier, Liebste, siehst du, wie zärtlich besorgt ich bin; ich habe dein Essen selbst angerichtet. Ich sollte doch meinen, diese Güte verdient Dank. Wie, nicht ein Wort? Ach, dann liebst du die Speise nicht und alle Mühe, die ich mir gegeben habe, ist zwecklos." Dann befahl er dem Diener, das Gericht wegzunehmen. Der starke Hunger, der den Stolz Katharinas gebeugt hatte, zwang sie zu sagen, wenn auch mit innerlichem Ärger: „Bitte, laß es stehen." Aber das war noch nicht genug der Demütigung, wozu Petruchio sie zu zwingen beabsichtige, und er erwiderte: „Der kleinste Dienst wird ja mit Dank bezahlt, und auch meiner soll's, ehe du dir davon nimmst." Darauf brachte Katharina ein widerstrebendes „Ich danke Euch, Herr" hervor. Und nun gestattete er ihr ein kärgliches Mahl einzunehmen, indem er sagte: „Wohl bekommen möge es deinem lieben Herzen, Käthe, aber iß schnell! Und nun, mein süßes Liebchen, wollen wir zurückkehren in deines Vaters Haus und dort nach Herzenslust schwärmen und prunken mit seidenen Kleidern und Hauben und goldenen Ringen, mit Halskrausen und Schärpen und Fächern und reichem Wechsel von Putz und Schmuck"; und um sie glauben zu machen, daß er wirklich die Absicht habe, ihr diese netten Sachen zu schenken, rief er einen Schneider und einen Putzhändler herein, die einige neue, für sie bestellte Kleider brachten. Und indem er dann ihren Teller dem Diener zum Wegräumen gab, ehe sie nur halb ihren Hunger gestillt hatte, sagte er: „Nicht wahr, du bist satt?" Der Putzhändler sagte bei der Überreichung einer Haube: „Hier ist die Haube, die Ew. Gnaden wünschten", aber darauf fing Petruchio von neuem zu wettern an, indem er sagte, die Haube wäre auf eine Suppenschüssel abgeformt und nicht größer als eine Herzmuschel oder Wallnußschale; er befahl dem Putzhändler, sie wegzunehmen und eine größere zu liefern. Katharina sagte: „Ich will diese haben, so tragen feine Damen jetzt die Hauben.“ „Wenn du erst fein bist,“ erwiderte Petruchio, „sollst du auch eine haben, aber eher nicht.“ Die Speise, die Katharina genossen, hatte den gesunkenen Lebensmut wieder etwas gehoben und sie sagte: „Wie, Herr? Ich denke, ich habe Erlaubnis zu reden, und ich will reden, denn ich bin kein Kind. Schon bessere Leute denn Ihr haben mich meine Meinung sagen hören, und wenn Ihr es nicht könnt, so tätet Ihr besser, die Ohren zu verstopfen.“ Petruchio beachtete diese zornigen Worte nicht, denn er hatte glücklicherweise bessere Wege entdeckt, sein Weib zu behandeln, als einen streitigen Punkt ihr gegenüber festzuhalten; daher lautete die Antwort: „Nun ja, ganz recht, 's ist eine lumpige Haube; ich habe dich lieb drum, daß sie dir mißfällt.“ „Liebe mich oder liebe mich nicht,“ sagte Katharina, „die Haube gefällt mir, und ich will diese Haube oder keine; diese wird mich kleiden.“ „Du wünschst die Kleider zu sehen?“ sagte Petruchio, der sich noch immer stellte, als verstünde er sie nicht recht. So trat der Schneider vor und zeigte ihr ein schönes Kleid, das er für sie gemacht hatte. Petruchio, dessen Absicht dahin ging, daß sie weder Haube noch Kleid haben sollte, fand hieran ebenso viel zu tadeln. „Gnade uns der Himmel,“ rief er, „was ist das für Zeug! Was? Nennt Ihr dies einen Ärmel? Das gleicht ja einem Vierundzwanzigpfünder, auf und ab gekerbt gleich einem Apfelkuchen.“ Der Schneider meinte: „Ihr befahlt mir, das Kleid zu machen nach dem neuesten Schnitt der Zeit“, und Katharina sagte, sie hätte nie ein so schön gemachtes Kleid gesehen. Dies war genug für Petruchio, und indem er heimlich den Auftrag gab, diesen Leuten für ihre Sachen Bezahlung zu geben und ihnen gegenüber die scheinbar wunderliche Behandlung, die er ihnen zu teil werden ließ, zu entschuldigen, trieb er mit grimmigen Worten und wütenden Gebärden den Schneider und den

Putzhändler aus dem Zimmer; und dann sich an Katharina wendend sprach er: „So, Käthchen, komm, besuchen wir den Vater, so wie wir sind, in unseren schlichten Kleidern." Und dann ließ er die Pferde vorfahren, mit der Versicherung, sie würden um die Mittagszeit Baptistas Haus erreichen, denn es sei jetzt erst sieben Uhr.

Nun war es nicht frühmorgens, sondern genau die Mitte des Tages, als er so sprach; deshalb wagte Katharina, wenngleich sehr bescheiden, denn sie war beinahe schon von der Heftigkeit seines Wesens überwältigt, dagegen einzuwenden: „Herr, ich versichere Euch, es hat zwei geschlagen, und es wird Abendessenszeit sein, bevor wir dort ankommen." Aber Petruchio meinte, sie müsse, bevor er sie zu ihrem Vater brächte, so völlig zahm geworden sein, daß sie allem, was er sagte, zustimmte; und als ob er der Herr der Sonne selber wäre und den Stunden gebieten könnte, erklärte er, ehe er abreise, solle die Stunde geschlagen haben, die ihm gefiele, „denn", sprach er, „was ich auch immer sagen oder tun mag, du kommst mir immer in die Quere; ich will heute nicht reisen, und wenn ich reise, so soll's die Stunde sein, die ich gesagt."

Eines anderen Tages sah Katharina sich gezwungen, den Gehorsam, den sie bis dahin noch gar nicht gekannt hatte, zu bewähren. Petruchio wollte ihr nicht gestatten, zu ihrem Vater zu reisen, bevor er ihren stolzen Geist zu so völliger Unterwerfung gebracht hätte, daß sie nicht mehr wagte, sich einfallen zu lassen, daß es ein Wort wie Widerspruch gebe. Und selbst als sie auf ihrer Reise dahin waren, schwebte sie in Gefahr, wieder umkehren zu müssen, bloß weil sie zufällig darauf hinwies, daß die Sonne scheine, während er um Mittag behauptete, es wäre der Mond, der so freundlich herniederstrahle. „Bei meiner Mutter Sohn," rief er, „Mond soll's sein oder Stern oder was ich will, ehe ich weiter zu deinem Vater reise." Er tat dann, als ob er wieder umkehren wolle, aber Katharina, nicht länger Katharina die Widerspenstige, sondern das gehorsame Weib, sagte: „Nein, ich bitte, lieber Mann, laß uns vorwärts gehen, da wir so weit gelangt sind. Sei's Mond und Sonne und was dir nur gefällt, und wenn du willst, magst du's ein Nachtlicht nennen; ich schwöre, es soll für mich dasselbe sein." Das wollte er erproben, deshalb sprach er wieder: „Ich behaupte, daß es der Mond ist." „Ich weiß es, es ist der Mond", erwiderte Katharina. „Du lügst, es ist die liebe Sonne", sagte Petruchio. „Dann ist es die liebe Sonne," entgegnete Katharina, „doch nicht die Sonne, wenn du's anders willst; und wie du's nennen willst, das ist es auch, und soll's gewiß für Katharina sein." Jetzt erlaubte er ihr denn, die Reise fortzusetzen; aber um weiter und weiter zu versuchen, ob diese nachgiebige Stimmung andauern würde, wandte er sich an einen alten Herrn, dem sie auf der Straße begegneten, als ob er ein junges Weib wäre, mit den Worten: „Gott grüße Euch, schönes Mädchen!" und er fragte Katharina, ob sie jemals eine hübschere Jungfrau gesehen hätte. Dabei pries er das Rot und Weiß auf den Wangen des alten Mannes und verglich sein Augenpaar mit zwei strahlenden Sternen, und wiederum redete er ihn mit den Worten an: „Schöne, liebliche Maid, noch einmal guten Morgen!" und zu seiner Gemahlin sprach er: „Umarme sie, süße Käthe, um ihrer Schönheit willen." Die jetzt völlig besiegte Katharina pflichtete sofort der Meinung ihres Mannes bei und richtete an den alten Herrn in gleicher Art ihre Rede: „Aufblühende Jungfrau, frische Mädchenknospe, wohin des Weges? Wo ist Eure Heimat? Glückselig sind die Eltern eines so schönen Kindes." „Nun, Käthe, was soll das?" sagte Petruchio, „ich hoffe, du bist nicht verrückt. Das ist ein Mann, alt, runzlig, welk und grau, und nicht ein Mädchen, wie du da behauptest." Darauf sprach Katharina: „Verzeiht mir, alter Herr, die Sonne hat mein Auge so geblendet, daß alles, drauf ich sehe, grün mir scheint. Nun merke ich erst, Ihr seid ein würdiger Greis; verzeiht mir, bitte, meinen traurigen Irrtum." „Tut's, alter guter Herr," sagte Petruchio, „und laßt uns wissen, wohin Ihr reist. Ist es unser Weg, soll die Gesellschaft uns erfreulich sein." Der alte Mann erwiderte: „Mein werter Herr und schöne muntere Dame, Euer seltsames Grüßen hat mich baß erschreckt. Vincentio heiße ich, gehe nach Padua, will einen Sohn, der dort verweilt, besuchen." Nun erkannte Petruchio den alten Herrn als Vater Lucentios, eines jungen Edelmanns, der mit Baptistas jüngerer Tochter Bianca vermählt werden sollte; und er machte den alten Vincentio sehr glücklich, indem er ihm von der reichen Heirat erzählte, die sein Sohn im Begriff wäre zu schließen. Und sie reisten fröhlich zusammen, bis sie an Baptistas Haus kamen. Dort war eine große Gesellschaft versammelt, um Biancas und Lucentios Hochzeit zu feiern. Denn Baptista hatte gern seine Zustimmung zu Biancas Vermählung gegeben, als er Katharina glücklich los geworden war.

Bei ihrem Eintritt bot ihnen Baptista ein Willkommen zum Hochzeitsfest, und es war dort auch noch ein anderes neuvermähltes Paar.

Lucentio, Biancas Gemahl, und Hortensio, der andere Neuvermählte, unterdrückten nicht allerlei fein anspielende Scherze, die auf die Widerspenstigkeit von Petruchios Gattin hinzudeuten schienen; und jene zärtlichen jungen Ehemänner schienen höchst erbaut von der sanften Gemütsart der von ihnen erkorenen Frauen, während sie über Petruchio wegen seiner weniger glücklichen Wahl spotteten. Petruchio gab wenig acht auf ihre Witze, bis die Damen sich nach Tisch zurückgezogen hatten und er dann bemerkte, daß auch Baptista sich dem auf ihn zielenden Gelächter anschloß; denn als Petruchio versicherte, daß sein Weib sich als gehorsamer erweisen würde denn die ihrigen, sagte der Vater Katharinas: „Nun, in vollem Ernst, mein Sohn Petruchio, Ihr habt, fürchte ich, die Widerspenstigste von allen bekommen." „Gut," erwiderte Petruchio, „ich sage nein, und damit ihr euch überzeugt, daß ich die Wahrheit sage, wollen wir jeder nach seiner Gattin senden, und derjenige, dessen Frau die gehorsamste ist, so daß sie zuerst kommt, wenn nach ihr gesandt wird, soll eine Wette gewinnen, die wir hier feststellen." Dem stimmten die beiden anderen Ehemänner gern zu, denn sie waren vollkommen überzeugt, daß ihre liebenswürdigen Frauen sich als viel gehorsamer erweisen würden denn die halsstarrige Katharina. Und sie schlugen eine Wette von zwanzig Kronen vor, aber Petruchio sagte in lustiger Laune, soviel würde er auf seinen Falken oder Hund verwetten, aber zwanzigmal soviel auf sein Weib. Lucentio und Hortensio erhöhten demnach die Wette auf hundert Kronen, und Lucentio schickte zuerst seinen Diener, um Bianca zu sagen, sie möchte zu ihm kommen. Aber der Diener kehrte zurück und sagte: „Herr, meine Gebieterin läßt Euch sagen, daß sie beschäftigt ist und darum nicht kommen kann." „Wie," rief Petruchio, „sie läßt sagen, daß sie beschäftigt ist und nicht kommen kann? Ist das eine Antwort für eine Frau?" Da lachten sie über ihn und meinten, er könne zufrieden sein, wenn Katharina ihm nicht einen noch schlimmeren Bescheid schicke. Nun war an Hortensio die Reihe, nach seiner Frau zu senden, und er sagte seinem Diener: „Geh und ersuche meine Gemahlin hierher zu kommen." „Oho, sie ersuchen?" rief Petruchio. „Nein, notwendig muß sie kommen." „Ich fürchte, Herr," sagte Hortensio, „Euer Weib wird sich nicht einmal ersuchen lassen." Aber sofort sah dieser höfliche Gemahl etwas blaß aus, als der Diener ohne seine Gebieterin zurückkehrte; und er sagte zu ihm: „Nun, wo ist mein Weib?" „Herr," sagte der Diener, „meine Gebieterin meint, daß Ihr irgendeinen artigen Scherz vorhabt und deshalb wird sie nicht kommen. Sie bittet Euch, daß Ihr Euch zu ihr bemüht." „Schlimmer und schlimmer!" sagte Petruchio; und darauf schickte er seinen Diener mit den Worten: „Bursche, geh zu deiner Herrin, und sage ihr, ich befehle, daß sie zu mir kommt." Die Gesellschaft hatte kaum Zeit zu denken, daß sie dieser Aufforderung nicht gehorchen würde, da rief Baptista schon ganz erstaunt: „Wahrhaftig, bei meiner Seligkeit! Hier kommt Katharina." Und sie trat ein und sagte demütig zu Petruchio: „Was wünscht Ihr, Herr, daß Ihr nach mir gesandt habt?" „Wo ist deine Schwester und Hortensios Frau?" sprach er. Katharina entgegnete: „Da drin am Feuer sitzen sie und schwatzen." „Geh, hole sie hierher", sagte Petruchio. Ohne Widerrede ging Katharina weg, den Befehl ihres Gemahls auszuführen. „Hier ist ein Wunder," rief Lucentio, „wenn Ihr überhaupt an Wunder glaubt." „Jawohl," sagte Hortensio, „ich staune, was das zu bedeuten hat." „Wahrlich, Frieden bedeutet es", sagte Petruchio, „und Liebe und ruhig Leben und rechtmäßige Herrschaft, kurz, alles, was süß und lieblich ist." Katharinas Vater, überglücklich, diese Wandlung an seiner Tochter zu sehen, rief: „Nun, aller Segen über dich, mein Sohn Petruchio! Du hast die Wette gewonnen, und ich will andere zwanzigtausend Kronen zu ihrer Mitgift hinzufügen, als wenn sie eine andere Tochter wäre; denn sie ist so verwandelt, als ob sie vorher gar nicht dagewesen wäre." „Ja," sagte Petruchio, „ich will die Wette noch besser gewinnen, ihr sollt mehr Zeichen von Gehorsam sehen, der neuerworbenen Tugend." Als nun Katharina mit den beiden anderen jungen Frauen eintrat, fuhr er fort: „Nun seht, sie kommt und bringt die trotzigen Weiber, Gefangene weiblicher Beredsamkeit. Die Haube, Katharina, steht dir nicht; fort mit dem Plunder! Tritt sie gleich mit Füßen." Katharina nahm sofort die Haube herunter und warf sie zu Boden. „Gott," sagte Hortensios Weib, „möge ich nimmer Ursache zum Kummer haben, bis ich so albern mich betragen werde!" Und Bianca sagte gleichfalls: „Pfui! Das ist ja ein läppischer Gehorsam!" worauf Biancas Gatte zu ihr sprach: „Ei, wäre dein Gehorsam nur so läppisch. Deines Gehorsams Weisheit, schöne Bianca, bringt mich um hundert Kronen seit der Mahlzeit." „Um so kindischer bist du," sagte Bianca, „auf meinen Gehorsam zu wetten." – „Katharina," sagte Petruchio, „erklären sollst du den starrköpfigen Weibern, was sie für Pflicht dem Herrn und Ehemann schulden." Und zur Bewunderung aller Anwesenden sprach die umgewandelte „Widerspenstige" ebenso beredt zum Preise des weiblichen Gehorsams, als sie vorher diese stillschweigend ausgeübt hatte, durch ihre Bereitwilligkeit und Unterwerfung unter Petruchios Willen. Und Katharina ward noch einmal berühmt in Padua, nicht wie vorher als Katharina die Widerspenstige, sondern als Katharina, das gehorsamste und pflichtgetreueste Weib in Padua.

Was ihr wollt

Sebastian, ein junger Edelmann aus Messaline, und seine Schwester Viola waren Zwillinge, und wunderbar zu sagen, von ihrer Geburt an glichen sie einander so vollkommen, daß sie nicht anders zu unterscheiden waren, als nach der Verschiedenheit ihrer Kleidung. Wie sie einstmals in ein und derselben Stunde geboren waren, so schwebten sie beide auch in ein und derselben Stunde in Lebensgefahr, denn sie litten an der Küste von Illyrien Schiffbruch, als sie eine Seereise miteinander machten. Das Schiff, das sie an Bord hatte, zerschellte in einem heftigen Sturm an einem Felsen, und eine sehr kleine Zahl der Reisenden kam mit dem Leben davon. Der Führer des Fahrzeugs gewann mit wenigen Matrosen, die gerettet wurden, in einem kleinen Boot das Land, sie brachten Viola glücklich mit sich ans Ufer, aber hier begann die Arme, anstatt sich ihrer eigenen Rettung zu freuen, laut um ihres Bruders Verlust zu jammern. Jedoch tröstete der Schiffshauptmann sie mit der Versicherung, daß er gesehen hätte, wie ihr Bruder beim Bersten des Schiffes sich an einen starken Mast gebunden habe, und auf diesem hätte er, so lange als irgend etwas wegen der Entfernung von ihm wahrzunehmen gewesen sei, ihn über die Wogen dahingetragen gesehen. Viola fühlte sich sehr getröstet durch die Hoffnung, welche dieser Bericht ihr gab, und nun erwog sie, was sie selbst in einem so fremden Land, so weit von der Heimat, anfangen solle. Und sie fragte den Hauptmann, ob er irgend etwas von Illyrien kenne. „Ja freilich, mein Fräulein," erwiderte der Hauptmann, „ich kenne es sehr genau, denn mein Geburtsort ist kaum drei Stunden von hier entfernt." „Und wer regiert hier?" fragte Viola. Der Hauptmann erzählte ihr, daß über Illyrien Orsino herrsche, ein Herzog, der sich ebenso sehr durch Naturanlagen wie durch Würde des Benehmens auszeichne. Viola sagte, sie habe ihren Vater von Orsino sprechen hören, der damals noch unvermählt gewesen sei. „Und er ist es auch jetzt noch," versetzte der Hauptmann, „oder er war es noch ganz kürzlich, denn erst vor einem Mond reiste ich von hier ab, und damals war es das allgemeine Gespräch (Ihr wißt ja, was die Großen tun, darüber schwatzen gern die Kleinen), daß Orsino sich um die Liebe der schönen Olivia bewerbe, einer sittsamen Jungfrau, der Tochter eines vor zwölf Monden gestorbenen Grafen, der sie im Schutz ihres Bruders zurückließ; aber bald nachher starb dieser auch, und um dieses teuren Bruders willen, sagt man, hat sie dem Anblick und der Gesellschaft der Männer abgeschworen." Viola, die selber in so trüber Stimmung über den Verlust ihres Bruders war, hegte den sehnlichsten Wunsch, in der Nähe jener Jungfrau zu leben, die so zärtlich den Tod eines Bruders betrauerte. Sie fragte den Hauptmann, ob er sie bei Olivia einführen könne; sie wolle gern dieser Dame dienen. Aber er erwiderte, das würde schwer zu machen sein, weil Olivia seit ihres Bruders Tod niemandem den Eintritt in ihr Haus gestatte, nicht einmal dem Herzog. Da dachte sich Viola einen andern Plan aus, nämlich in Manneskleidung dem Herzog Orsino als Edelknabe zu dienen. Gewiß war es ein sonderbarer Gedanke für ein junges Mädchen, männliche Tracht anzulegen und sich für einen Jüngling auszugeben; doch die hilf- und schutzlose Lage Violas, die jung und von ungewöhnlicher Schönheit war, dazu noch allein stand und sich in einem fremden Land wußte – das alles mußte ihr zur Entschuldigung dienen.

Da sie an dem Hauptmann ein feines Betragen bemerkt hatte, auch daß er freundliche Teilnahme für ihr Wohlergehen bezeige, so vertraute sie ihm ihren Plan an, und er ging bereitwillig darauf ein, ihr beizustehen. Viola gab ihm Geld und wies ihn an, ihr einen passenden Anzug zu liefern. Dabei sprach sie den Wunsch aus, daß ihre Kleider von derselben Farbe, auch nach demselben

Schnitt gemacht würden, wie sie ihr Bruder Sebastian zu tragen pflegte. Und als sie ihr männliches Gewand angelegt hatte, glich sie so völlig und genau ihrem Bruder, daß sie dadurch zu seltsamen Irrungen Veranlassung gab, indem die Geschwister miteinander verwechselt wurden; denn auch Sebastian, wie wir bald sehen werden, war aus dem Schiffbruch gerettet.

Als Violas guter Freund, der Schiffshauptmann, das niedliche Mädchen in einen jungen Mann umgewandelt hatte, gelang es ihm, da er Beziehungen am Hof hatte, sie dem Herzog unter dem erdichteten Namen „Cesario" vorgestellt zu sehen. Orsino war außerordentlich befriedigt von der Geschicklichkeit und dem anmutigen Benehmen des schönen Jünglings und machte Cesario zu einem seiner Edelknaben – das war ja die Stellung, die Viola zu erlangen gewünscht hatte –, und sie erfüllte die Pflichten ihres neuen Amtes so vortrefflich und zeigte ihrem Herrn so aufmerksame Bereitwilligkeit und anhängliche Treue, daß sie bald sein Lieblingsdiener ward. Orsino vertraute dem Cesario sogar die ganze Geschichte seiner Liebe zu der schönen Olivia an. Er erzählte Cesario von seiner langen und erfolglosen Bewerbung um die Jungfrau, die, nachdem sie seine vielfachen Huldigungen zurückgewiesen und ihn verschmäht, nun sogar verweigert habe, ihn vor sich zu lassen. Um dieser Jungfrau willen, die ihn so ungütig behandelt hatte, gab der edle Herzog die Jagd und alle männlichen Übungen, an denen er sonst immer seine Lust gefunden hatte, verdrossen auf und brachte seine Stunden in unrühmlicher Trägheit hin, und er lauschte nur den weichlichen Klängen sanfter Musik, artiger Weisen und leidenschaftlicher Liebeslieder; und indem er die Gesellschaft der klugen und gelehrten Herren, mit denen er gewöhnlich umgegangen war, vernachlässigte, unterhielt er sich jetzt täglich und lange mit dem jungen Cesario. Der sei, dachten die ernsten und gewichtigen Männer des Hofes, ein ganz unzweifelhaft ungeeigneter Freund und Gefährte für ihren einst so ritterlichen Herrn, den großen Herzog Orsino.

Es ist eine gefährliche Sache für junge Mädchen, vertraulich mit jungen Herzögen umzugehen. Das empfand Viola nur allzubald zu ihrem großen Schmerz, denn alles, was Orsino ihr von seinen Qualen um Olivias willen erzählte, das fühlte sie sehr bald als ihr eignes Leid um seinetwillen. Und es erregte ihre Verwunderung sehr, daß Olivia so ganz achtlos für ihren unvergleichlichen Herrn und Gebieter sein könne, den doch niemand ohne die tiefste Bewunderung ansehen könne; und sie wagte, Orsino in seiner Art anzudeuten, daß es doch schade wäre, wenn er eine Jungfrau liebte, die für den Adel seiner Eigenschaften so blind wäre, und sie sagte: „Wenn Euch ein Mädchen liebte, wie Ihr Olivia liebt (und vielleicht gibt es eine, die es tut), und Ihr könntet sie nicht lieben, würdet Ihr dann nicht ihr sagen, daß Ihr sie nicht lieben könntet, und müßte sie nicht mit dieser Antwort zufrieden sein?“ Aber Orsino wollte nichts von der Schlußfolgerung wissen, denn er meinte, es sei unmöglich, daß eine Frau liebe wie er, keines Weibes Herz sei groß genug, den Andrang solcher Liebe zu ertragen; deshalb sei es unpassend, irgendeine Frauenliebe mit seiner Liebe für Olivia zu vergleichen. Obgleich nun Viola die äußerste Hochachtung und Ehrerbietigkeit für des Herzogs Meinungen hatte, konnte sie doch nicht umhin zu denken, daß dies nicht ganz wahr sei, denn sie glaubte, ihr Herz fasse gerade so viel Liebe in sich wie Orsinos; und sie sagte: „Jedoch ich weiß –“ „Was weißt du, Cesario?“ fragte dagegen Orsino. „Zu gut nur weiß ich,“ antwortete Viola, „was ein Weib für Liebe hegen kann. Fürwahr, sie sind so treuen Sinnes wie wir. Mein Vater hatte eine Tochter, welche liebte, wie ich vielleicht, wäre ich ein Weib, mein Fürst, Euch lieben würde.“ „Was war ihr Lebenslauf?“ fragte Orsino. „Ein leeres Blatt,“ entgegnete Viola, „niemals erzählte sie von ihrer Liebe, sie ließ Verheimlichung, wie in der Knospe den Wurm, an ihrer Purpurwange nagen. Sich härmend und in bleicher, welker Schwermut saß sie wie die Geduld auf einer Gruft, dem Gram lächelnd.“ Der Herzog forschte, ob dies junge Mädchen an ihrer Liebe gestorben wäre, aber auf diese Frage gab Viola nur ausweichende Antwort, wie sie wahrscheinlich die Geschichte nur ersonnen hatte, um die geheime Liebe und den stillen Gram um Orsino einmal auszusprechen.

Während sie noch sprachen, trat ein Edelmann ein, den der Herzog zu Olivia gesandt hatte. Er sprach: „Verzeiht, mein Fürst, ich ward nicht vorgelassen, ihr Mädchen gab mir nur dies zur Antwort: Der Himmel selbst, bis sieben Jahr verflossen, soll ihr Gesicht nicht ohne Hülle schauen; sie will wie eine Nonne im Schleier gehen, ihr Zimmer rings mit ihren Tränen netzend im Angedenken an den toten Bruder." Als das der Herzog vernahm, rief er aus: „O sie mit diesem zart gebauten Herzen, die schon dem Bruder soviel Liebe zahlt, wie wird sie lieben, wenn der goldene Pfeil ihr Herz berührt!" Und darauf wandte er sich an Viola mit den Worten: „Du weißt nun alles, Cesario, ich habe dir alle Geheimnisse meines Herzens erzählt. Drum, guter Jüngling, gehe zu Olivia. Laß dir den Zutritt nicht verweigern, warte vor ihrer Tür und sprich, es solle fest dein Fuß da wurzeln, bis du Gehör findest." „Und wenn ich sie spreche, mein Fürst, was dann?" fragte Viola. „O dann," gab Orsino zur Antwort, „entfalte ihr meiner Liebe Leidenschaft. Sprich lange von meiner treuen Liebe zu ihr. Es wird dir wohl stehen, meinen Schmerz zu klagen, sie wird geneigter deiner Jugend horchen als einem Boten ernsten Angesichts."

Viola ging weg; aber nicht gern unternahm sie diesen Freiergang; denn sie sollte ja werben um ein Fräulein für den Mann, den sie selbst zu heiraten wünschte. Aber da sie einmal den Auftrag übernommen hatte, so richtete sie ihn auch treulich aus; und Olivia hörte bald, daß ein Jüngling vor ihrer Tür stünde, der darauf dringe, vorgelassen zu werden. „Ich sagte ihm," erzählte die Magd, „Ihr wäret krank; er meinte, das wüßte er schon, und deshalb käme er, mit Euch zu sprechen. Ich sagte ihm, Ihr schliefet; er schien auch das schon im voraus gewußt zu haben, und sagte, gerade darum müßte er mit Euch sprechen. Was soll man ihm noch sagen, gnädiges Fräulein? Denn er scheint gegen jede Verleugnung gerüstet zu sein, und will mit Euch sprechen, Ihr mögt wollen oder nicht." Olivia war neugierig zu sehen, wer dieser entschiedene Bote wäre, und gab Befehl, ihn vorzulassen, und indem sie den Schleier über ihr Angesicht warf, sagte sie, sie wolle noch einmal Orsinos Boten hören, denn nach seiner Rücksichtslosigkeit zweifelte sie nicht, daß er vom Herzog käme. Viola trat ein, sie trug die männlichste Miene, die sie annehmen konnte; und indem sie die feine höfische Sprache der Edelknaben vornehmer Herren nachahmte, sagte sie: „Allerstrahlendste, auserlesene, unvergleichliche Schönheit. Ich bitte Euch, sagt mir, ob Ihr die Dame des Hauses seid. Denn es sollte mir leid tun, meine Rede verkehrt anzubringen; denn abgesehen davon, daß sie meisterhaft abgefaßt ist, habe ich mir viel Mühe gegeben, sie auswendig zu lernen." „Woher kommt Ihr, mein Herr?" sagte Olivia. „Ich kann wenig mehr sagen, als was ich mir eingeprägt habe," entgegnete Viola, „und diese Frage steht nicht in meiner Rolle." „Seid Ihr ein Schauspieler?" fragte Olivia. „Nein," versetzte Viola, „und doch bin ich nicht, was ich spiele." Sie deutete damit an, daß sie, obgleich sie ein Weib sei, sich für einen Mann ausgebe. Und wieder fragte sie Olivia, ob sie die Dame des Hauses sei. Olivia bejahte das, und nun sagte Viola, die mehr neugierig war, das Gesicht ihrer Nebenbuhlerin zu sehen, als daß sie Eile gehabt hätte, ihres Herrn Botschaft auszurichten: „Gnädige Frau, laßt mich Euer Antlitz sehen." Diese kühne Bitte zu erfüllen war Olivia nicht abgeneigt, denn diese stolze Schönheit, die der Herzog Orsino solange vergeblich geliebt hatte, hatte beim ersten Anblick eine Leidenschaft für den vermeintlichen Edelknaben, den bescheidenen Cesario, gefaßt.

Als Viola bat, Olivias Antlitz zu sehen, sagte diese: „Habt Ihr irgendeinen Auftrag von Eurem Herrn, mit meinem Gesicht zu verhandeln?" Und dann vergaß sie den Entschluß, sieben Jahre lang verschleiert zu gehen, und schlug ihren Schleier zurück mit den Worten: „Doch ich will den Vorhang wegziehen und Euch das

Gemälde zeigen. Ist das Bild nicht gut gemalt?" Viola versetzte: „Naturgetreu ist Schönheit hier gemischt; das Rot und Weiß auf Euren Wangen hat die Natur mit eigner kluger Hand gemalt. Fräulein, Ihr seid die grausamste, die lebt, wenn Ihr diese Reize zum Grab tragt und der Welt kein Abbild laßt." „O Herr," gab Olivia zur Antwort, „ich will nicht so hartherzig sein. Die Welt mag ein feierlich aufgenommenes Verzeichnis der Bestandteile meiner Schönheit haben. Item: zwei leidlich rote Lippen; item: zwei graue Augen mit zugehörigen Lidern; ein Nacken; ein Kinn und so weiter. Wurdet Ihr eigentlich hierher geschickt, meinen Wert abzuschätzen?" Viola entgegnete: „Ich sehe, was Ihr seid. Ihr seid zu stolz, doch, wahrlich! Ihr seid schön. Mein Herr und Meister liebt Euch. Solche Liebe wäre nie zu reich erwidert, wäret Ihr als Königin der Schönheit auch gekrönt. Denn Orsino liebt Euch mit Anbetung und Tränen, mit Stöhnen, das Liebe donnert, und mit Flammenseufzern." „Euer Herr", sprach Olivia, „kennt mein Herz zur Genüge. Ich kann ihn nicht lieben. Doch halte ich ihn für tugendhaft, ich weiß, daß er, von edlem Stamm, von großen Gütern, in frischer fleckenloser Jugend blüht. Ihn nennt die Welt gelehrt, freigebig, tapfer; doch lieben – nein! Das kann ich nimmermehr. Er konnte längst sich den Bescheid erteilen." „O liebte ich Euch mit meines Herren Glut," sagte Viola, „ich baute an Eurer Tür ein Weidenhüttchen und riefe immer wieder Euren Namen. Ich schriebe Klagegesänge für Olivia und ließe sie in stiller Nacht erklingen. Die Hügel sollten Euren Namen tönen, daß Echo, diese Schwätzerin der Luft, ‚Olivia' schrie. O Ihr solltet mir nicht Ruhe genießen zwischen Erde und Himmel, nein, solltet meiner Euch erbarmen." „Wer weiß, wie weit Ihr's bringen könntet!" sprach Olivia. „Wie ist Eure Herkunft?" „Höher als mein jetziges Los, obwohl es mir gut geht. Ich bin ein Edelmann." Olivia entließ jetzt mit Widerstreben Viola, indem sie sagte: „Geht nur zu Eurem Herrn und sagt ihm, daß ich ihn nicht lieben kann. Laßt ihn nicht wieder schicken, wenn Ihr nicht etwa wieder zu mir kommt, um mir zu melden, wie er's nimmt.“ Und Viola nahm Abschied, indem sie dem Fräulein zurief: „Lebt wohl, schöne Grausame!“

Als sie gegangen war, wiederholte Olivia die Worte für sich: „Höher als mein jetziges Los, obwohl es mir gut geht. Ich bin ein Edelmann.“ Und sie sagte laut: „Ich schwöre drauf: Er ist's. Seine Sprache, sein Antlitz, seine Gestalt und Gebärde, sein Geist – alles beweist klar, daß er ein Edelmann ist.“ Und dann wünschte sie, Cesario möchte der Herzog sein; und da sie inne ward, wie rasch er ihre Neigung gewonnen hätte, tadelte sie diese plötzliche Liebe. Aber der leichte Tadel, den man über eigene Fehler ausspricht, hat keine tiefe Wurzel, und alsbald vergaß das edle Fräulein Olivia soweit die Ungleichheit zwischen ihren Verhältnissen und denen des scheinbaren Edelknaben, wie auch die jungfräuliche Zurückhaltung, welche der Hauptschmuck eines jungen Mädchens ist, daß sie beschloß, sich um die Liebe des jungen Cesario zu bewerben, und sie sandte ihm einen Diener mit einem Diamantring nach, unter dem Vorwand, daß er ihn bei ihr als Geschenk von Orsino zurückgelassen hätte. Wenn sie in dieser listigen Weise Cesario mit einem Ringe beschenkte, hoffte sie, ihm eine Andeutung ihrer Absichten zu geben; und in der Tat erweckte dies Violas Argwohn. Denn da sie wußte, daß Orsino keinen Ring durch sie übersandt hatte, besann sie sich nach und nach, daß Olivias Gebärden und Blicke viel Bewunderung für sie kundgegeben hätten, und sofort vermutete sie, daß ihres Herrn Geliebte sich in sie verliebt hätte. „Ach,“ sagte sie, „das gute Fräulein könnte ebenso gut einen Traum lieben. Eine Verkleidung, sehe ich, ist doch ein verwünschtes Ding, denn sie hat bewirkt, daß Olivia ebenso fruchtlose Seufzer nach mir sendet, wie ich nach Orsino.“

Viola kehrte zu dem Palast Orsinos zurück und gab ihrem Herrn Bericht von dem üblen Erfolg der Unterhandlung; sie wiederholte den Befehl Olivias, der Herzog möge sie nicht länger beunruhigen. Aber doch ließ der Herzog nicht von der Hoffnung, daß der artige Cesario sie mit der Zeit dahin bringen könnte, einiges Erbarmen zu zeigen, und deshalb trug er ihm auf, am nächsten Tag wieder zu ihr zu gehen. Inzwischen suchte er möglichst gut hinwegzukommen über die verdrießliche Wartezeit und wollte sich sein Lieblingslied vortragen lassen, und er sagte: „Mein guter Cesario, als ich gestern Abend dies Lied hörte, kam es mir vor, als wirke es beruhigend auf meine Leidenschaft. Merke dir das Lied, Cesario, es ist alt und schlicht. Die Spinnerinnen und Strickerinnen, wenn sie im Sonnenschein sitzen, und die jungen Mägde, die ihren Faden klöppeln, singen dieses Lied. Es ist zwar nur einfältig, aber ich liebe es doch, denn es erzählt von der Unschuld süßer Liebe im Geist der alten Zeit."

Komm herbei, komm herbei, Tod,
und ins Leichentuch bette den Leib!
Laß mich frei, laß mich frei, Not!
Mich erschlägt ein holdseliges Weib.
Mit Rosmarin mein Leichenhemd,
o bestellt es!
Der Tod, wie wär' er dem Herzen fremd?
Treu' hält es.

Keine Blum', keine Blum' süß
sei gestreut auf den schwärzlichen Sarg!
Keine Seel', keine Seel' grüß'
mein Gebein, wo die Erd' es verbarg.
Der Freunde Seufzer wehrt mir ab
und birgt alleine
mich, wo keine Trauer wall' ans Grab
und weine.

Viola prägte sich die Worte des alten Liedes ein, welches in so treuer Einfalt die Qualen unerwiderter Liebe kundgab, und der Ausdruck ihres Gesichtes bezeugte, daß sie im Innern fühlte, was das Lied sagte. Ihr trauriger Blick entging dem Herzog nicht, der zu ihr sprach: „Mein Leben wette ich drauf, Cesario, wie jung du auch bist, dein Auge hat doch schon auf einem Antlitz geruht, das es liebt, nicht wahr, Kleiner?" „Ja, mit Eurer Gunst, ein wenig", entgegnete Viola. „Und was für ein Mädchen ist's und von welchem Alter?" fragte Orsino. „Von Eurem Alter und von Eurer Gesichtsfarbe, gnädiger Herr", antwortete Viola. Der Herzog mußte lächeln, als er hörte, daß dieser junge Knabe zu einem Weib Liebe trüge, das soviel älter wäre als er selbst, und von einer so dunklen Gesichtsfarbe, wie ein Mann; aber Viola hatte eigentlich Orsino im Sinn, nicht ein Weib, das ihm gliche.

Als Viola zum zweiten Mal Olivia besuchte, ward es ihr leicht, Zutritt zu gewinnen. Dienerinnen pflegen es bald zu entdecken, wenn ihre Herrinnen sich gern mit hübschen jungen Boten unterhalten, und im Augenblick, da Viola kam, standen die Tore weit offen, und des Herzogs Edelknabe ward achtungsvoll in die Gemächer Olivias geleitet. Und als Viola dem Fräulein erzählte, sie sei noch einmal gekommen, um ihres Herrn Sache zu führen, sagte Olivia: „Ich wünsche, daß Ihr nie wieder von ihm sprecht, aber wenn Ihr sonst irgendein Gesuch hättet, so hörte ich lieber, daß Ihr das betriebet, als daß eine himmlische Musik erklänge." Das war hübsch offen gesprochen, aber Olivia drückte sich bald noch deutlicher aus, und sie bekannte frank und frei ihre Liebe; und als sie in Violas Antlitz Mißvergnügen und Verlegenheit sich spiegeln sah, fuhr sie fort: „Wie reizend steht ihm dieser höhnische Zug der Lippen, die Verachtung und der Zorn! Cesario, bei des Frühlings Rosenblüte, bei jungfräulicher Ehre und Mädchentreue! Trotz deiner Sprödigkeit liebe ich dich so, daß mein Verstand die Leidenschaft nicht zügelt." Aber umsonst war all ihr Werben, Viola eilte hinweg und drohte, nie wieder zu kommen, um Orsinos Sache zu führen, und alles, was sie auf Olivias zärtliche Bitten erwiderte, war ihre feste Willenserklärung, nie ein Weib zu lieben.

Kaum hatte Viola das Fräulein verlassen, als auch schon ihre Tapferkeit auf die Probe gestellt ward. Ein zurückgewiesener Freier Olivias, der erfahren hatte, daß das Fräulein dem herzoglichen Boten ihre Gunst zugewandt hätte, ließ ihm seine Herausforderung zum Zweikampf zugehen. Was sollte die arme Viola tun, die zwar männliche Kleidung trug, aber doch eines echten Weibes Herz hatte und sich fürchtete, auch nur einen Blick auf ihr eigenes Schwert zu werfen?

Als sie sah, wie ihr furchtbarer Nebenbuhler mit gezogenem Schwert auf sie eindrang, kam ihr der Gedanke, zu bekennen, daß sie ein Weib sei; aber plötzlich ward sie von ihrem Entsetzen und der Schande solcher Entdeckung durch einen vorübergehenden Fremden befreit. Dieser warf sich zwischen beide, und als ob er lange mit Viola bekannt gewesen und ihr teuerster Freund wäre, rief er ihrem Gegner zu: „Den Degen weg! Wenn dieser junge Mann Euch zu nah trat, so nehme ich es auf mich; beleidigt Ihr ihn, fordere ich Euch für ihn." Bevor Viola Zeit hatte, ihm für seinen Schutz zu danken oder ihn nach der Ursache seiner gütigen Dazwischenkunft zu fragen, trat ihrem neuen Freund ein Feind entgegen, bei welchem seine Tapferkeit ihm nichts nützte. Denn in diesem Augenblick kamen Gerichtsboten und ergriffen den Fremden im Namen des Herzogs, damit er sich für ein Unrecht verantworte, das er einige Jahre vorher begangen hätte, und er sagte zu Viola. „Das kommt davon, daß ich Euch suchte." Und dann fragte er sie nach einem Geldbeutel, indem er sagte: „Nun drängt die Not mich, meinen Beutel wieder von Euch zu fordern; und es schmerzt mich mehr um das, was ich nun nicht für Euch vermag, als was mich selbst betrifft. Ihr steht erstaunt, doch seid getrost." Diese Worte setzten in der Tat Viola in Erstaunen, und sie versicherte, daß sie ihn nicht kenne und daß sie nie einen Geldbeutel von ihm erhalten habe; aber für die Güte, die er eben jetzt ihr erwiesen hatte, bot sie ihm eine kleine Summe Geldes, die so ziemlich alles war, was sie besaß. Und nun sprach der Fremde bittere Worte, er warf ihr Undankbarkeit und liebloses Wesen vor. „Dieser Jüngling, den ihr da seht," rief er, „ich entriß ihn dem Rachen des Todes, und um seinetwillen allein kam ich nach Illyrien und begab mich in diese Gefahr." Aber den Gerichtsboten lag wenig daran, die Klagen ihres Gefangenen zu hören, und sie schleppten ihn hinweg mit den Worten: „Was geht das uns an?" Und als er weggeführt wurde, rief er Viola mit dem Namen „Sebastian" und machte dem vermeintlichen Sebastian, solange er sich noch vernehmlich machen konnte, Vorwürfe, daß er seinen Freund verleugne.

Als Viola hörte, daß sie Sebastian gerufen wurde, war der Fremde zwar zu schleunig weggeführt, als daß sie um Aufklärung hätte bitten können, aber sie vermutete doch, dies Rätsel könne seine Lösung finden, durch eine Verwechslung ihrer selbst mit ihrem Bruder; und in ihr begann die liebliche Hoffnung zu dämmern, daß es ihres Bruders Leben wäre, das jener Mann gerettet zu haben behaupte. Und so war's in der Tat. Der Fremde, der Antonio hieß, war ein Schiffshauptmann. Er hatte Sebastian aufgenommen, als dieser, von den Anstrengungen erschöpft, auf dem Mast herumtrieb, an den er sich im Sturm festgebunden hatte. Antonio faßte solche Neigung zu Sebastian, daß er beschloß, ihn zu begleiten, wohin er auch immer ginge; und als der Jüngling aus Neugierde den Hof Orsinos zu besuchen wünschte, wollte Antonio, lieber als daß er sich von ihm getrennt hätte, ihn nach Illyrien begleiten. Freilich wußte er, daß, wenn er dort erkannt würde, sein Leben in Gefahr wäre, weil er in einem Seegefecht einstmals den Neffen des Herzogs Orsino gefährlich verwundet hatte. Das war das Vergehen, um dessen willen er jetzt gefangen genommen war.

Sebastian und Antonio waren nur wenige Stunden vor der Begegnung Antonios mit Viola gelandet. Der Schiffshauptmann hatte Sebastian seinen Geldbeutel mit der Anweisung übergeben, uneingeschränkten Gebrauch davon zu machen, wenn er etwas sähe, das er zu kaufen wünschte, er wolle im Wirtshaus warten, während Sebastian ausginge, die Stadt zu besehen. Weil aber Sebastian nicht zur verabredeten Zeit zurückgekehrt war, so hatte Antonio gewagt, sich nach ihm umzusehen, und da Viola dieselbe Kleidung wie ihr Bruder trug und von Angesicht ihm so genau glich, so zog Antonio sein Schwert (wie er annahm) zur Verteidigung des von ihm geretteten Jünglings, und als der vermeintliche Sebastian ihn verleugnete und ihm die Herausgabe seines eigenen Geldbeutels verweigerte, so war es ganz natürlich, daß er den Jüngling der Undankbarkeit bezichtigte.

Als Antonio weg war, fürchtete Viola, wiederum zum Zweikampf gefordert zu werden, und schlich sich so eilig wie möglich nach Hause. Sie war noch nicht lange weg, da glaubte ihr Gegner, er sähe sie zurückkommen; aber es war ihr Bruder Sebastian, der zufällig an diesen Ort gekommen war. Und der feige Junker, der das Feld behauptet hatte, weil Viola noch weniger Mut bewies als er, rief überrascht: „Nun, Herr, treffe ich Euch endlich wieder? Da habt Ihr was!" und er versetzte ihm einen Schlag mit der Faust. Sebastian aber war nicht blöde, er vergalt den Schlag mit Zinsen und zog sein Schwert.

Ein Fräulein machte jetzt dem Kampf ein Ende, denn Olivia trat aus dem Haus, und da auch sie Sebastian irrtümlich für Cesario nahm, so lud sie ihn ein, in ihre Wohnung zu kommen. Sie gab dabei zärtliche Sorge über den rohen Angriff kund, den er zu bestehen gehabt hatte. Obgleich Sebastian über die Höflichkeit des Fräuleins wie über die Roheit seines unbekannten Gegners höchst erstaunt war, so ging er doch sehr willig in das Haus, und Olivia war entzückt zu sehen, daß der vermeintliche Cesario viel empfänglicher für die Aufmerksamkeiten von ihrer Seite geworden wäre, denn obgleich die Gesichtszüge noch genau dieselben waren, so entdeckte sie doch in seinem Antlitz keine Spur mehr von der Verachtung und dem Zorn, über den sie sich bei ihren früheren Liebesversicherungen gegen Cesario zu beklagen gehabt hatte.

Sebastian hatte durchaus nichts gegen die Zärtlichkeit einzuwenden, welche das Fräulein an ihn verschwendete. Er schien ihre Freundlichkeit vielmehr sehr gut aufzunehmen, aber er mußte sich doch wundern, wie das alles gekommen wäre, und dann war er geneigt zu glauben, daß es in Olivias Kopf nicht ganz richtig stünde. Aber wenn er dann wieder wahrnahm, daß sie die Gebieterin eines großen und schönen Hauses war und daß sie alles mit Klarheit ordnete, und daß sie Haus und Dienerschaft mit Klugheit regierte, und daß sie in jeder Hinsicht – abgesehen von ihrer plötzlichen Liebe für ihn – im vollen Besitz ihres Verstandes zu sein schien, dann ließ er sich ihr zärtliches Entgegenkommen wohl gefallen; und Olivia, die glücklich war, Cesario in dieser guten Stimmung zu sehen, aber immer in Angst schwebte, daß in seinem Herzen ein Wandel eintreten könne, schlug ihm vor, sie möchten sich sofort verheiraten, einen Priester hätte sie im Hause. Sebastian stimmte diesem Vorsatz gern bei; und als die Trauung vollzogen war, verließ er auf eine kurze Zeit seine Frau, denn er wollte seinen Freund Antonio aufsuchen und ihm das große Glück erzählen, das ihm widerfahren war.

Während seiner Abwesenheit kam der Herzog, um Olivia zu besuchen, und in demselben Augenblick, als er bei ihrem Haus angelangt war, brachten die Gerichtsboten ihren Gefangenen, Antonio, vor Orsino. Viola war im Gefolge ihres Herrn; und als Antonio Viola sah, die er noch immer für Sebastian hielt, trug er dem Herzog vor, wie er diesen Jüngling aus den Gefahren der See gerettet habe; und nachdem er umständlich von aller Güte berichtet hatte, die er in Wahrheit Sebastian erwiesen, schloß er seine Klage mit den Worten, daß seit drei Monden dieser undankbare Jüngling Tag und Nacht bei ihm verweilt hätte. Aber jetzt trat Frau Olivia aus dem Haus heraus, und da konnte der Herzog sich nicht länger überwinden, Antonios Geschichte anzuhören, und er rief: „Die Gräfin kommt! Nun wandelt lichter Himmel auf dunkler Erde! Doch was dich angeht, Geselle, so sind deine Worte Wahnsinn; drei Monde dient mir dieser junge Mann“, und er gab Befehl, Antonio bei Seite zu führen.

Aber Orsinos „himmlische Gräfin“ gab dem Herzog bald Veranlassung, Cesario ebenso großer Undankbarkeit zu beschuldigen, wie es eben Antonio getan hatte; denn alle Worte, die er von Olivia vernahm, waren Worte der zärtlichsten Liebe für Cesario, und als er sah, daß sein Edelknabe in Olivias Gunst so hoch throne, drohte er ihm mit allen Schrecken gerechter Rache; und beim Abschied befahl er Viola herrisch, ihm zu folgen, und er rief: „Komm hierher, Knabe, meine Gedanken sind unheilschwanger." Es schien, als ob er in der Raserei seiner Leidenschaft entschlossen sei, Viola zum Tod zu verurteilen, aber ihre Liebe ließ sie nicht erzittern, und sie sagte, sie würde freudig den Tod erleiden, nur um ihrem Herrn und Gebieter einen Trost zu geben. Aber Olivia wollte ihren Gemahl nicht so verlieren und sie schrie verzweiflungsvoll: „Wohin geht mein Cesario?" Viola gab zur Antwort: „Ich folge ihm, den ich mehr liebe, denn mein Leben." Olivia versuchte jedoch den Herzog und sein Gefolge zurückzuhalten durch die laute Versicherung, daß Cesario ihr Gemahl sei und sandte nach dem Priester; dieser kam sofort und erklärte, noch nicht zwei Stunden seien verflossen, seit er Olivia mit diesem jungen Mann vermählt habe. Viola beteuerte vergebens, sie sei nicht mit Olivia vermählt, die bestimmten Aussagen der jungen Frau wie des Priesters überzeugten Orsino, daß sein Edelknabe wirklich des Schatzes ihn beraubt habe, den er höher als sein Leben wertete. Aber er bedachte, daß das Geschehene nicht zu widerrufen sei, und sagte schon seiner treulosen Geliebten ein bitteres Lebewohl, ebenso wie dem jungen Heuchler, ihrem Gemahl, wie er Viola nannte, ihm die Warnung zurufend, er möge ihm nie wieder vor die Augen kommen; da geschah ein Wunder, wie es ihnen deuchte, denn ein anderer Cesario trat herein und redete Frau Olivia als seine Gemahlin an. Dieser neue Cesario war Sebastian, der wirkliche Gemahl Olivias; und als sich ihr Staunen, zwei Menschen mit demselben Antlitz, derselben Stimme, derselben Kleidung zu sehen, ein wenig gelegt hatte, begannen Bruder und Schwester einander auszufragen, denn Viola konnte sich kaum überzeugen, daß ihr Bruder wirklich noch lebe, und Sebastian vermochte nicht zu begreifen, wie die Schwester, die er ertrunken geglaubt hatte, in der Kleidung eines jungen Mannes erschien. Aber Viola gestand alsbald zu, daß sie nur verkleidet und in der Tat seine Schwester Viola sei.

Als die sämtlichen Irrungen aufgeklärt waren, welche die wunderbare Ähnlichkeit der Zwillingsgeschwister veranlaßt hatte, lachten sie wegen der drolligen Verwechslung herzlich über Frau Olivia, daß sie sich in ein Weib verliebt hätte; und Olivia bezeugte kein Mißfallen an ihrem Tausch, als sie gewahrte, daß sie den Bruder statt der Schwester geheiratet hätte.

Den Hoffnungen Orsinos war durch Olivias Vermählung für immer ein Ende gemacht, und mit seinen Hoffnungen schien auch alle seine fruchtlose Liebe dahin zu schwinden, und alle seine Gedanken richteten sich auf das Ereignis, daß sein Liebling Cesario in ein schönes junges Mädchen verwandelt war. Er betrachtete Viola mit großer Aufmerksamkeit und besann sich, wie hübsch er immer Cesario gefunden hätte, und er vermutete, sie würde in weiblicher Kleidung wahrhaft schön aussehen; und dann erinnerte er sich, wie oft sie gesagt hätte, daß sie ihn liebe, was damals nur der Ausdruck der pflichtmäßigen Gesinnung eines treuen Edelknaben zu sein schien, aber jetzt dachte er mit Recht, daß sie etwas mehr damit gemeint hätte, denn viele hübsche Worte von ihr, die ihm früher rätselhaft gewesen waren, fielen ihm jetzt wieder ein. Und kaum war ihm alles dies in den Sinn gekommen, als er auch schon beschloß, Viola zu seiner Gemahlin zu machen; und er sagte zu ihr (aus alter Gewohnheit mußte er sie noch immer Cesario und Junge nennen): „Du hast mir, Junge, tausendmal gesagt, du würdest ein Weib nie lieben so wie mich, und für die treuen Dienste, die du mir geleistet hast, und die oft deiner zarten Erziehung so wenig würdig waren, und weil du mich solange deinen Herrn genannt hast, sollst du jetzt deines Herrn Frau sein und Orsinos treue Herzogin."

Als Olivia sah, daß Orsino sein Herz, das sie so ungnädig zurückgewiesen hatte, der reizenden Viola zuwandte, lud sie das Paar ein, ihr Haus zu betreten, und bot ihnen den Beistand des guten Priesters an, der sie am Morgen mit Sebastian vermählt hatte; dieser sollte in den noch übrigen Stunden des Tages auch an Orsino und Viola die Trauung vollziehen. So wurden die Zwillingsgeschwister an einem und demselben Tage vermählt: Sturm und Schiffbruch, die sie getrennt hatten, wurden nun die Mittel, ihr hohes und mächtiges Glück zu vollenden. Viola ward die Gemahlin Orsinos, des Herzogs von Illyrien, und Sebastian Gemahl der reichen und edlen Gräfin Frau Olivia.

Charles Lamb

Charles Lamb wurde 1775 in London geboren. Die Verhältnisse seines Vaters, eines Advokatenschreibers, waren recht dürftig; doch besuchte Charles bis zu seinem 15. Jahr eine lateinische Freischule, ja, es würden ihm durch Stipendien die Mittel zum Universitätsstudium geboten sein, wenn daran nicht die Bedingung geknüpft gewesen wäre, daß er Geistlicher werden müsse, das aber verbot ein Fehler in seinen Sprachwerkzeugen. Er war ein schüchterner, in sich gekehrter, dem lärmenden Treiben seiner Altersgenossen abgewandter Knabe. 1792, also 17 Jahre alt, trat er in das Rechnungsamt der ostindischen Gesellschaft ein, und in diesem allmählich aufrückend, hat er bis 1825 entsagungsvoll einem Dienste sich gewidmet, der seinen Neigungen wenig entsprach, seine Mußestunden jedoch füllte er mit wissenschaftlichen und künstlerischen Beschäftigungen aus. Verhängnisvoll für ihn ward eine Geisteskrankheit seiner geliebten Schwester Mary, die im Jahre 1796 in eine Heilanstalt für Irrsinnige gebracht ward; zwar genaß sie bald wieder, doch konnte er sie nur dadurch aus ihrer Haft erlösen, daß er sich den Gerichten gegenüber verpflichtete, sie zeitlebens unter seiner Obhut zu behalten. So mußte er für sich auf die Gründung einer eigenen Familie verzichten, zumal von Zeit zu Zeit der Wahnsinn seiner Schwester wieder ausbrach. Aber Mary vergalt ihm seine Liebe reichlich, und in ihren gesunden Tagen war sie ihm in allem was er trieb eine treue Mitarbeiterin und Beraterin, auf deren feines Urteil er viel gab. 1801 erschien eine Tragödie von ihm, drei Jahre später ein kleines Lustspiel, doch fanden beide nur wenig Anerkennung und Wohlwollen bei seinen Landsleuten. Desto beifälliger wurden aber seine *Tales from Shakespeare*, die zuerst im Jahr 1807 ans Licht traten, von der gesamten Lesewelt aufgenommen; eine Ausgabe folgte der anderen. Als Verfasser nannten sich

Charles und Mary Lamb (so auch noch in der mir vorliegenden Ausgabe von J. S. Vitue & Co., London), doch glaube ich erwiesen zu haben, daß Marys Anteil sich nur auf die Tragödie „König Lear", höchstens noch auf „Romeo und Julia" beschränkt hat. Doch hat er vermutlich seiner Schwester die von ihm ausgearbeiteten Stücke vorgelesen, und sie wird hin und wieder einen Ausdruck verbessert haben, so daß er mit Wahrheit seiner brüderlichen Liebe soweit nachgeben konnte, sie als Mitarbeiterin an seinem Ruhm teilnehmen zu lassen.

Charles Lamb hat noch manches andere veröffentlicht, so 1830 eine Sammlung kleinerer Gedichte, doch kann keines seiner anderen Werke sich an Verdienst und Erfolg mit den Shakespeare-Erzählungen auch nur entfernt vergleichen.

1825 gab er sein Amt bei der Ostindischen Gesellschaft auf, um im Genuß eines wohlverdienten Ruhegehalts die letzten Jahre sich selber zu leben. Er zog sich in die Nähe von London zurück und füllte seine Muße mit Arbeiten, wie sie seinem Hange zur stillen Betrachtung zusagten, und der Pflege der Freundschaft aus. 1834 starb er in einem Alter von 59 Jahren.

Aus dem Vorwort Charles Lambs „an seine jungen Leser" mögen hier die nachfolgenden Sätze mitgeteilt werden:

„Die Shakespeare-Erzählungen sind in der Absicht abgefaßt worden, daß sie jüngeren Lesern zur Einführung in die sorgfältige Betrachtung der Dichtungen Shakespeares dienen mögen.

Ich fürchte, für jüngere Leser, welche noch nicht an die dramatische Form gewöhnt sind, zu häufig vom Dialog Gebrauch gemacht zu haben. Dieser Fehler (wenn es ein Fehler ist) ward durch meinen Wunsch veranlaßt, von Shakespaeres eigenen Worten möglichst viel beizubehalten. Wenn das oft eingeschobene ‚Er sagte' und ‚Sie sagte' dem Ohr der jungen Leser lästig fallen sollte, so mögen sie mir das vergeben. Dies war der einzige mir bekannte Weg, auf welchem ich ihnen einen Vorgeschmack geben konnte von dem großen Vergnügen, welches sie in reiferen Jahren erwartet, wenn sie zu jenen reichen Schätzen gelangen, aus welchen diese kleinen wertlosen Münzen geprägt sind.

Was diese Erzählungen euch in eurer Kindheit gewesen sind, das und noch viel mehr mögen euch die Dramen Shakespeares in reiferen Jahren sein. Sie mögen eure Phantasie bereichern, eure Tugend kräftigen, euch von niedrigen Gedanken abziehen, euch aber zugleich in allem, was lieblich und ehrbar ist, unterweisen."

Karl Heinrich Keck

Weitere Bücher aus unserem Programm

Bürger, Gottfried August: **Münchhausen.**
128 Seiten, 21 x 13 cm, gebunden, mit Illustrationen von T. Hosemann, ISBN 80-7253-002-X, DM 19,80 / öS 145,- / sFr 19,80

Cervantes, Miguel de: **Don Quijote de la Mancha.**
904 Seiten, 21 x 13 cm, gebunden, mit Illustrationen von Gustav Doré, ISBN 3-934774-95-4, DM 29,80 / öS 219,- / sFr 29,80

Chamisso, Adelbert von: **Peter Schlemihls wunderbare Geschichte.**
112 Seiten, 21 x 13 cm, gebunden, mit Illustrationen von Karel Hruška, ISBN 80-85938-97-9, DM 19,80 / öS 145,- / sFr 19,80

Droste-Hülshoff, Annette von: **Die Judenbuche.**
84 Seiten, 21 x 13 cm, gebunden, mit Illustrationen von Karel Hruška, ISBN 80-85938-93-6, DM 19,80 / öS 145,- / sFr 19,80

Hoffmann, E.T.A.: **Nußknacker und Mausekönig.**
104 Seiten, 21 x 13 cm, gebunden, mit Illustrationen von Karel Hruška, ISBN 80-85938-96-0, DM 19,80 / öS 145,- / sFr 19,80

Puschkin, Alexander: **Die Erzählungen des seligen I. P. Belkin.**
120 Seiten, 21 x 13 cm, gebunden, mit Illustrationen von Karel Hruška, ISBN 80-85938-94-4, DM 19,80 / öS 145,- / sFr 19,80

Schaching, Otto von (Hg.): **Till Eulenspiegel.**
176 Seiten, 21 x 13 cm, gebunden, mit zahlreichen historischen Holzschnitten, ISBN 3-934774-33-4, DM 24,80 / öS 184,- / sFr 24,80

Simrock, Karl: **Die Schildbürger.**
120 Seiten, 21 x 13 cm, gebunden, mit Holzschnitten von L.W. Gubitz, ISBN 3-934774-37-7, DM 24,80 / öS 184,- / sFr 24,80

Tolstoi, Leo: **Die Kreutzersonate.**
176 Seiten, 21 x 13 cm, gebunden, mit Illustrationen von Karel Hruška, ISBN 80-85938-55-3, DM 19,80 / öS 145,- / sFr 19,80

Wilde, Oscar: **Über Frauen, Liebe, Ehe.**
104 Seiten, 21 x 13 cm, gebunden,
ISBN 80-85938-71-5, DM 19,80 / öS 145,- / sFr 19,80

Wolff, Julius: **Der Rattenfänger von Hameln.**
256 Seiten, 21 x 13 cm, gebunden, mit Illustrationen von P. Grot Johann, ISBN 3-934774-08-3, DM 24,80 / öS 184,- / sFr 24,80

IVDICIO PYLIVM GENIO S
TERRA TEGIT POPVLVS

STAY PASSENGER WHY G
READ IF THOV CANST WHOM
WITH IN THIS MONVMENT SH
QVICK NATVRE DIDE: WHOSE
FAR MORE TEN COST: SIEH A
LEAVES LIVING ART BVT PA